Richard Pohle

Sibirien als Wirtschaftsraum

Eine Einführung in das Leben Sibiriens

weitsuechtig

Richard Pohle

Sibirien als Wirtschaftsraum

Eine Einführung in das Leben Sibiriens

ISBN/EAN: 9783956562877

Auflage:

Erscheinungsjahr: 2015

Erscheinungsort: Bremen, Deutschland

Sibirien als Wirtschaftsraum

Eine Einführung in das Leben Sibiriens

von

Richard Pohle

Mit einer Karte

INHALT.

Sibirien.

Wirtschaftszonen, Wirtschafts- und Verwaltungsgebiete.

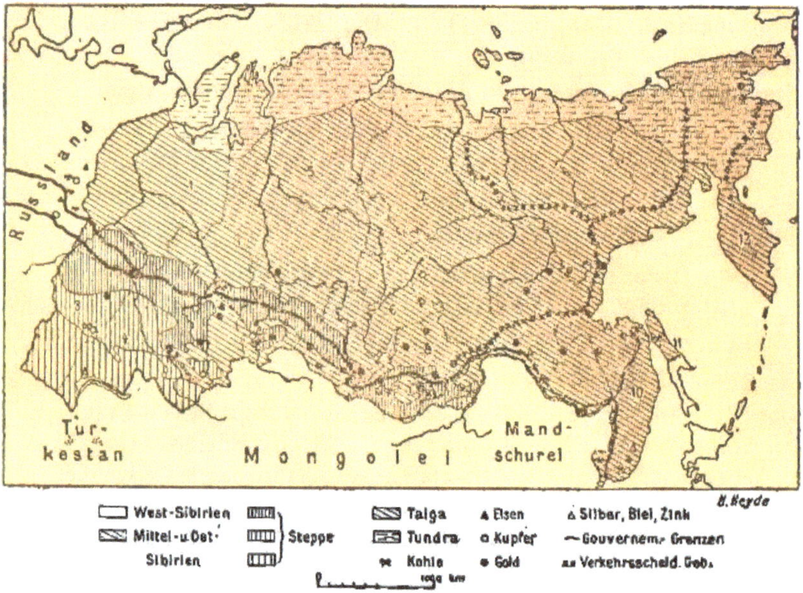

Erklärung:

West-Sibirien: 1. Tobolsk. 2. Tomsk. 3. Akmolinsk. 4. Semipalatinsk. — Mittel-Sibirien: 5. Jenisseisk. 6. Irkutsk. 7. Transbaikalien. 8. Jakutsk. — Ost-Sibirien: 9. Amur-Gebiet. 10. Küsten-Gebiet. 11. Sachalin. 12. Kamtschatka-Gebiet.

Zonengrenzen nach Glinka (vgl. S. 29). — Steppe zeigt verschiedene Strichelung für Schwarzerde, kastanienfarbene und Braunerde.

Noch immer ruht geheimnisvoller Zauber über dem Begriff Sibirien. Noch ist nicht vergessen, daß einst mit diesem Lande die Vorstellung unermeßlicher Reichtümer oder unendlichen Grauens sich verband. Dem einen war Sibirien das Land des Goldes, dem anderen das Land des Zobels, wieder andere dagegen dachten an die dort in Verbannung schmachtende Menschheit. Sibiriens Kälte war sprichwörtlich geworden, und noch heute erfaßt manchen ein Schaudern, wenn er an Quecksilbergefrierfröste denkt. Schließlich aber machten wir uns in neuerer Zeit doch ganz allgemein die Vorstellung zu eigen, daß Sibirien einen Ueberfluß an Getreide, überhaupt an landwirtschaftlichen Erzeugnissen, zumal an Butter, auf die Märkte zu werfen berufen sei, und angesichts der immer bekannter werdenden Bodenschätze in Gestalt von Mineralien erschien es gerechtfertigt, Sibirien ein Zukunftsland zu nennen. So selbstverständlich dünkte es uns, daß Nansen diese Bezeichnung nicht eben zu erfinden brauchte.

Eine große Zukunft sagen auch die Sibirier selbst ihrer Heimat voraus. Es ist immer gut und ist schließlich auch das einzig Richtige, vor allem dasjenige zu berücksichtigen, was die Bewohner von ihrem Vaterlande denken. Bisher hat man bei uns nicht genug auf das Urteil des Sibiriers gegeben, und es ist kaum bekannt, wie gekränkt, wie zurückgesetzt der Sibirier sich fühlte, wenn er seine Heimat, seine wirtschaftliche und kulturelle Stellung mit den gleichen Dingen im europäischen Rußland verglich.*)

*) Sibirien, sein derzeitiger Zustand und seine Nöte. Sammlung von Aufsätzen. Herausg. von J. Melnik, St. Petersburg 1908 (russ.)

Tatsächlich hat doch das amtliche und auch das öffentliche Rußland auf Sibirien herabgeschaut, es mißbraucht, gedrückt und erniedrigt! Dieses „Zukunftsland“ war in Wahrheit dem dunklen Hinterhause eines Gebäudes zu vergleichen, dessen Fronten mit glänzend erleuchteten Fenstern an verschiedenen Stellen der Halbinsel Europa sehnsüchtig zum Atlantischen Ozean hinblickten, zu dem Meere, an dessen Gestaden die große Welt zu lustwandeln pflegt

Wird Sibirien noch fernerhin Rußlands Hinterhaus bleiben? Oder wird es sich ein eigenes Bauwerk schaffen, eben weil es ein Zukunftsland ist?

Wann es dazu kommen dürfte, vermögen wir nicht zu sagen; wohl aber können wir bemüht sein, Klarheit in die Frage zu bringen ob es geschehen und wie es geschehen kann. Den Raum zu betrachten, den Sibirien einnimmt, ist unsere Aufgabe und zu untersuchen, wie dieser Raum den Menschen beeinflußt, wie der Mensch sich im Raum heimisch gemacht hat, wie er sich ausbreiten und wie er dort leben kann. Das sind die Fragen, denen wir nachgehen wollen. Die vorliegende Arbeit soll in dieser Hinsicht die Grundlage bilden, indem sie uns vor allem zeigt, wie die Natur dem Menschen bisher behilflich war und von ihm benutzt wurde, sein Leben zu gestalten. —

Das Wort „Sibir“ — der Name ist jedenfalls nicht russischen Ursprungs — wird bereits im Jahre 1407 in moskowitischen Urkunden erwähnt; es wird gebraucht für eine Landschaft, die wir um das heutige Tjumen zu suchen haben. Zwischen Moskowien und Sibir bestehen Handelsbeziehungen, bei denen namentlich „finnische“ Stämme, Bewohner des mittleren Urals eine Rolle spielen. Erst in der Mitte des 16. Jahrhunderts wird Sibir der Tatarenherrschaft entrissen, und es entsteht nicht weit von der Residenz des Chans Kutschum die Stadt Tobolsk. Von hier breitet die russische Herrschaft sich aus: vom Irtysch und Tobol gelangt sie an den Ob, steigt diesen Strom hinauf bis ans Gebirge und gleitet an ihm abwärts ins Mündungsgebiet. Vom Ob, unterhalb von Tomsk aus, das ja nicht weit vom großen Strom entfernt gelegen ist, kam man mit Hilfe günstig angeordneter Nebenflüsse (Ket und Kass) an den Jenissei und schiffte diesen stromab. Schließlich gelangten die Eroberer an einen dritten Riesenstrom, die Lena, deren Wassermassen die russische Herrschaft unwiderstehlich bis ans eisumgürtete Mündungsgebiet lockten. Doch,' weder der Polarkreis, noch hohe sturmumtoste Gebirgsmauern boten den Kosaken der Zaren ein Hindernis, die endlich fern im Nordosten am Sunde innehielten, welcher viele Jahre darnach mit Berings Namen benannt worden ist. Der hier beschriebene Vorgang trieb auch den Namen Sibir immer mit sich voraus. Mit Hilfe der großen Ströme wird das alte Sibirien in Besitz genommen. Dem Kernlande folgen viel später die angegliederten Steppengebiete Akmolinsk und Semipalatinsk, und endlich das Amurland und die Küstenstreifen am Großen Ozean. —

Was wir heute als Sibirien bezeichnen wollen, enthält folgende Verwaltungseinheiten:

G.*) Tobolsk	1 327 310 qkm.	1 975 000 Bewohner**)
„ Tomsk	862 530	3 674 000
Geb. Akmolinsk	565 820	1 443 720
„ Semipalatinsk	511 950	873 760
G. Jenisseisk	2 604 420	966 400
„ Irkutsk	746 550	750 000
Geb. Transbaikalien (Sabaikalskaja oblastj)	613 280	868 800
Geb. Jakutsk	3 791 410	277 200
Amur-Gebiet (Amurskaja oblastj)	447 750	286 000
Küsten-Gebiet (Primorskaja oblastj)	547 330	524 800
Sachalin	38 010	8 900
Kamtschatka-Gebiet	1 295 100	36 000

*) G. = Gouvernement; Geb. = Gebiet (Oblastj).

**) Am 1. Januar 1911. Quellen für die Tabelle sind: Thillo, Flächenberechnung des Asiatischen Russland, St. Petersburg 1905, und: Atlas des Asiatischen Russland, St. Petersburg 1914 (russ.).

Diese gewaltige Landmasse von rund 13351500 qkm. bewohnen also nach amtlicher Schätzung mehr als 11½ Millionen Menschen, davon rund 76% oder beinahe 9 Millionen, deren Nationalität als russisch angegeben wird; daher 24% den Eingeborenen zuzurechnen sind.

Tjumen, noch heute eine Tatarenstadt wie im 16. Jahrhundert zurzeit des Russeneinfalles, noch heute das Zentrum einer von Tataren ausgeübten Industrie der Lederbearbeitung und Teppichwirkerei — Tjumen war der Ausgangspunkt der russischen Volkswelle, die seit der Eroberung jahraus, jahrein durch die Pforte von Jekaterinburg nach Sibirien hineinflutet. Der Hafenplatz einer Schiffahrt, deren Weg mit Leichtigkeit Tausende von Kilometern weit bis an die Gebirgsmauern des Altai heran führt, ist es indessen nicht, der die sesshaft werdende Bevölkerung Sibiriens von sich aus verschifft, sondern in Tjumen beginnt der Landweg, welcher über Jalutorowsk, Ischim, Tjukalinsk und Kainsk die Stadt Tomsk erreicht. Auf dieser Landstrasse sind Jahrhunderte lang zu Fuss und zu Wagen Kolonisten und Sträflinge, Soldaten und Beamte, Freie und Unfreie dahingezogen und gewandert. Nur auf kurze Zeit — verhältnissmässig gerechnet verwaiste die breite Strasse und auch dann nur den Sommer über, nämlich damals, als in den vierziger Jahren des vergangenen Jahrhunderts die Dampfschiffahrt begann, mit Hilfe der Flüsse Tura, Tobol, Irtysch und Ob, zwischen Tjumen und Tomsk den Verkehr zu besorgen. Der Bau der „Grossen Sibirischen Bahn“ endlich war es, sowie des Zweiges Tjumen-Omsk, der dem regen Personenverkehr auf Barken und Dampfern ein vorläufiges Ende bereitete; ebenso verlor die alte, in Jahrhunderten bewährte Landstrasse nach Erbauung der Bahn den grössten Teil ihrer Bedeutung als Wanderungsweg.

Wenden wir uns nun dem Gelände östlich von Tomsk zu. Hier schaffte man der Volkswelle die Strasse über Krassnojarsk und Nischneudinsk nach Irkutsk, die allmählich so grosse Bedeutung als Handelsweg gewann. Passierten doch vor Erbauung der Bahn alljährlich von Irkutsk nach

Tomsk 4 Millionen Pud wertvollster Waren auf 80—100000 „Podwodden" (Lastfahrzeugen), die 20000 Fuhrleute*) beschäftigten und Thee, Pelzwerk und Zirbelnüsse an Sibiriens grössten Flusshafen schafften, der sie nach Tjumen verschiffte. Nach einer Unterbrechung durch den Baikal, führt die alte Strasse weiter nach Osten über Werchneudinsk Tschita und Nertschinsk, das berüchtigte Inferno der Verbannten, an die Schilka. —

Damit haben wir die Linie des „Grossen Sibirischen Traktes" gezeichnet; ihrem Verlauf folgt in den 90er Jahren des vergangenen Jahrhunderts die Eisenbahn. Und wenn wir die beiden nicht sehr von einander abweichenden Linien auf eine Bodenkarte legen, so sehen wir, dass sie sich streng an das Schwarzerdegebiet halten. Auf der ersten Strecke. diesseits von Tomsk, waltet eine ziemlich gerade, westöstliche Richtung vor; jenseits des Altai steigt sie sogar ein wenig nach Norden an; erst hinter Krassnojarsk macht sie, vom Schwarzerdestreifen geführt, dessen Biegung nach Südosten zum Südende des Baikalsees mit. Auf der anderen Seite dieses eigenartigen, tiefen Gebirgsees bleibt die Linie etwa in der Mitte des Schwarzerdestreifens, sie hält sich auf der Breite von Irkutsk; nur wenig hebt sie sich nach Norden in ihrem weiteren Verlauf.

Welche Wirkung dies grösste Ereignis im Leben der Bevölkerung Sibiriens zeitigte, geht aus der folgenden Aufstellung zur Genüge hervor, die uns die Zahl der Bewohner in einer Reihe von Städten und Dörfern und deren Anwachsen im Zeitraum eines Jahrzehnts beweist:

	Geogr. Breite	1897	1910
Kurgan	55°27′	10 200	35 000
Petropawlowsk	54°53′	19 700	43 200
Omsk	54°58′	37 400	127 900
Tomsk	56°30′	52 200	111 400

*) Sibirien unter dem Einfluss des Schienenweges. St. Petersburg 1902. Ausgabe des Finanzministeriums (russ.).

	Geogr. Breite	1897	1910
Mariinsk	56°13′	8 100	13 100
Atschinsk	56°19′	6 600	9 800
Krassnojarsk	56°1′	25 100	73 500
Kansk	56°12′	7 400	14 900
Nischneudinsk	54°55′	5 900	10 000
Irkutsk	52°16′	51 500	126 700
Werchneudinsk	51°50′	6 400	15 200
Tschita	52°1′	11 500	74 300
Nertschinsk	51°58′	6 600	11 100
Chabarowsk	48°28′	15 000	43 300
Wladiwostok	43°7′	28 900	84 600

Das sind die wichtigsten Ortschaften, deren Existenz zum Teil lange vor Entstehen der Bahn begründet ward. Eine viel deutlichere Sprache reden aber doch noch die Namen von Plätzen, die erst nach dem Bahnbau an der Strecke entstanden sind, und zwar nach dem denkwürdigen Jahre der ersten und einzigen Volkszählung von 1897. Ich greife hier nur die wichtigsten heraus. Im Jahre 1910 wurden folgende Einwohnerziffern amtlich mitgeteilt — für Orte, von deren Existenz man 1897 noch nichts ahnte:

Tatarsk	7 600
Nowo-Nikolajewsk (am Ob)	63 600
Taiga (Abzweigung nach Tomsk)	10 300
Bogotol	5 900
Myssowsk	2 400
Nikolsk - Ussuriisk*) (Kreuzung der Ostchinesischen und der Ussuri-Bahn)	34 600

Indessen noch weiter erstreckte sich der Einfluss des Bahnbaus auch in Gebiete, die des Schienenstranges vorläufig erst entbehren mussten — wenn nur eine Verkehrstrasse vorhanden war, die als Ersatz dienen konnte. So geschah

*) Die Werte dieser wie auch der vorigen Aufstellung sind dem „Atlas des Asiatischen Russland“ entnommen, an den wir uns auch in der Folge halten.

es mit dem Amur, der diese Rolle zu spielen imstande war. Wir haben hier zu verzeichnen:

	Geogr. Breite	1897	1910
Blagoweschtschensk	50°15′	32 800	64 400
Nikolajewsk	53°8′	3 700	16 400

und ausser diesen Städten mehrere Orte, deren Existenz als Ausdruck indirekter Bahnwirkung erst nach 1897 begann, z. B.:

Alcksejewsk 1910 mit 1000 Einwohnern
Seja Pristan 5400

Der lange Strassenzug, zu dessen beiden Seiten die Menschheit hier siedelt und sesshaft wird, bleibt an eine Landschaft gleichen Charakters gebunden; es ist die Wald- oder Vorsteppe, wo Birkenhaine, „Kolki" mit Wiesenflecken abwechseln, eine Landschaft — ursprünglich dem Nomaden zur Viehzucht bestimmt. Hier hat der Russe keine Mühe gehabt, Ackerland zu gewinnen; Jahrhunderte hindurch konnte er sich die günstigsten Stellen zur Saatfläche aussuchen; Holz war überall in der Nähe vorhanden um die Bauten ausführen zu lassen.

In diese Zone fällt auch die Steppenlandschaft Baraba. Von ihr sagt Middendorff, dass man nicht wisse, ob mehr Wald oder mehr Steppe vorhanden sei. Die Zone ist in den einzelnen Teilen Sibiriens verschieden ausgiebig entwickelt. Oestlich von Tomsk wird sie stellenweise durch Gebirge unterbrochen; die Höhen des Sajan ziehen ihr Schranken, ehe noch die Landesgrenze erreicht ist, dagegen säumt letztere in Transbaikalien das Schwarzerdegebiet. Nur im Westen Sibiriens war der Siedler, obgleich auch dort das Land ansteigt, wenn man gen Süden zieht, nicht durch stärkere Bodenerhebung behindert, als er sich weiter ausbreiten wollte. Da ist dem Schwarzerdegürtel ein breiter Steppenstreifen vorgelagert, in dem auf kastanienfarbenem Boden Stipagräser die Hauptrolle spielen, der etwa auf dem 50. Parallel abschliesst; es folgen ihm weite Gefilde der Wüstensteppe oder Halbwüste, in denen Artemisiaarten überwiegen.

In den baumlosen Zonen kann aber ebensowenig alles Land als fruchtbarer Ackerboden in Anspruch genommen werden. Nur ein Teil steht dem Körnerbau zur Verfügung, das Uebrige bleibt natürliches Viehzuchtgebiet, wenn auch vielleicht einstmals in Zukunft durch Bewässerung neuer Ackerboden sich gewinnen lassen wird.

Eine Aufstellung, welche die Volksdichte der einzelnen Steppenkreise sowie die in ihnen herrschenden Bodenverhältnisse zum Ausdruck bringt, wird geeignet sein, den ersten Beweis für die Bedeutung der Steppe im Wirtschaftsleben der Bevölkerung zu erbringen:

Schwarzerde-Böden der Vor- oder Birken-Steppe:

Gouv. Tobolsk:	Kurgan 14, Jalutorowsk 12, Ischim 10.5, Tjukalinsk 6. (Vom Kr. Tara kommt nur der Südzipfel in Frage.)
Geb. Akmolinsk:	Omsk 10, Petropawlowsk 5, Koktschetaw 5.
Gouv. Tomsk:	Barnaul 12 (Tomsk 10), Smeïnogorsk 7, Kainsk 5, Mariinsk 4.
Gouv. Jenisseisk*):	Krassnojarsk 10, Atschinsk 4, Minussinsk 3.
Gouv. Irkutsk:	Balagansk 6, Nischneudinsk 1,5.
Geb. Transbaikalien*):	Werchneudinsk 7,5, Tschita 5,5, N. Selenginsk 3, Nertschinsk 3, Akscha 1, Troizkosawsk 1, Nertschinskij Sawod 1.

Kastanienfarbene B. der Federgras(Stipa)-Steppe:

Geb. Akmolinsk:	Akmolinsk 1,5**), Atbassar 1,5**).
Geb. Semipalatinsk:	Semipalatinsk 3, Pawlodar 3, Ustkamennogorsk 3.

*) Die Zone der kastanienfarbenen Böden fehlt hier, doch finden sich Flecke inmitten der Schwarzerde.

**) Teile beider Kreise, die nördlich vom 50. Parallelkreis gelegen sind.

Braunerde-Böden der Wermut(Artemisia)-Steppe:

Geb. Akmolinsk:	Akmolinsk 1,5*), Atbassar 1,5*).
Geb. Semipalatinsk:	Karkaraly 1. (Teile der Kreise Semipalatinsk und Saisan.)

Wenn man die einzelnen Kreise miteinander vergleicht, so findet man, dass die Volksdichte sehr verschieden ist Sie nimmt einesteils von Westen nach Osten, andererseits von Norden nach Süden ab. Es ist ohne weiteres verständlich, dass die dichter besiedelten Gebiete an der grossen Strasse liegen müssen, denn diese wurde von der Bevölkerung in die günstigsten Bodenverhältnisse gelegt. Natürlich ist ferner, dass die dem Kerne Russlands näher gelegenen Gebiete stärker besiedelt wurden. Weiter ist in Betracht zu ziehen, dass das mittlere, zwischen Tomsk und Irkutsk gelegene Schwarzerdegebiet stellenweise schon über 400 Meter ansteigt. Das östliche ist meistenteils ein richtiges Bergland, von „Gräben“ und Bergrücken durchzogen. Es bildet einen starken Gegensatz zum sanft gewelltem Flachlande der westlichen Birkensteppe, welches eine Meereshöhe von 200 Metern nur selten überschreitet. Immerhin ist aber auch die Volksdichte der westlichsten Kreise Sibiriens nach unseren Begriffen mit der höchsten Zahl 14 eine sehr geringe, obgleich der Sibirier behauptet, dass in den Kreisen Kurgan und Barnaul für neue Siedler kein Raum mehr übrig sei. Nun gibt es allerdings in der westlichen Birkensteppe zahlreiche Seen und Rohrsümpfe. Ganz besonders ist das in der östlich von Omsk gelegenen Baraba der Fall. Diese bietet dem Auge eine sanftwellige Landschaft dar. Zwischen den Wollenkämmen, welche die eigentlichen Schwarzerdeböden führen, liegen flache, salzhaltige Vertiefungen, die nicht bebaut werden können. Vor allen Dingen aber hat der Sibirier in der Steppe von jeher sehr viel Raum für sich und seine Wirtschaft beansprucht, Raum, von dem bis heute nur ein Teil beackert

*) Südlich vom 50. Parallel liegende Teile beider Kreise.

und abgeerntet wird; das übrige bleibt brach liegen, um erst als Weide, dann als Wiese genutzt zu werden. Der sibirische Ackerbauer war ja der Erbe von Nomaden oder Halbnomaden, welche die natürlichen Gras- und Staudenbestände durch Viehwirtschaft ausnutzten. Darum liefert die Steppe auch jetzt nicht nur Getreide, sondern hauptsächlich Vieh und Erzeugnisse der Viehzucht.

Im allgemeinen kann man nicht ohne weiteres sagen, dass das sibirische Schwarzerdegebiet Weizenland sei. Im mittelsibirischen Schwarzerdegebiet überwiegt der Anbau von Roggen ganz entschieden. Erst im Süden des westlichen Teiles, namentlich aber auf kastanienfarbigen Böden der Kirgisensteppe spielt Sommerweizen eine grössere Rolle.

Nach Berechnung von G. Tschirkin*) erzeugt der Siedler im Gebiet Akmolinsk nach zwei bis sechs Jahren durchschnittlich 345 Pud Getreide, davon vermag er 200 Pud (= 3276 kg) auf den Markt zu liefern. Vom siebenten Jahre ihrer Existenz ergibt die Wirtschaft im Durchschnitt jährlich 500 Pud (= 8190 kg), von denen 350 Pud für Ausfuhr zur Verfügung stehen. Die Anbaufläche für Weizen nimmt mehr als 50% im Gebiet Semipalatinsk, im Gebiet Akmolinsk sogar mehr als 70% des gesamten Ackerbodens ein.

Die obigen Daten zeigen uns nun an der Volksdichte, dass im Gebiet der kastanienfarbenen und braunen Böden noch viel Raum frei sein muss. In der Tat können hier noch Siedler angesetzt werden, aber wir befinden uns doch schon in Breiten, wo trotz einer Meereshöhe von 200 bis 500 Metern die Niederschläge nicht viel über 20 cm hinausgehen — gegenüber den 40 cm Niederschlagsmengen, die dem Schwarzerdegebiet im allgemeinen zu teil werden. Infolgedessen ist es ganz erklärlich, dass in der Federgrassteppe, zumal aber in der Wermutsteppe die nicht auszusüssenden Salzflecke von Norden nach Süden an Raum immer mehr

*) Die Bedeutung der geplanten Südsibirischen Bahn für Kolonisation und Volkswirtschaft. 1913 (russ.).

zunehmen, dass mit anderen Worten der Landwirt als Ackerbauer einen immer schwereren Kampf zu führen hat. Hiermit sind wir in Landstreifen gekommen, in denen wegen Dürre und Salzgehalt des Bodens Weizenbau nur insular zu betreiben ist; die Hauptfläche des Bodens bleibt zur Verfügung nomadisierender Kirgisen. Das lässt sich deutlich aus den Zahlen herauslesen, welche die amtliche Statistik für die Verteilung der Nationalitäten in den beiden Steppengouvernements angibt*, diese betragen in Anteilen v. H.:

	Geb. Akmolinsk	Geb. Semipalatinsk
Russen	57,8	20,0
Kirgisen	38,1	76,1
Übrige	4,1	3,9
	100,0%	100,0%

Die beiden andern, in der Mitte und nach Osten zu belegenen Steppenländer besitzen auch Teile mit kastanienfarbenem Boden, d. h. Flecke mit geringeren Niederschlagsmengen. Zu einer Ausbildung breiter Landstreifen kommt es indessen nicht, da die Niederschläge an den Südgrenzen schon wieder zunehmen. Die Höhe der Gebirgsmauern setzt dem Ansteigen der Steppen in vertikaler Richtung das Ziel.

Wie die Gunst der Bodenbeschaffenheit den Siedler im Schwarzerdegebiet und noch an einigen Stellen im Gebiet der kastanienfarbenen Böden angezogen hat, geht auch aus der folgenden Tabelle hervor, welche die Bevölkerungszunahme von Orten zeigt, die nicht an der grossen sibirischen Bahn gelegen sind:

	Geogr. Breite	1897	1910
Tara	56°54′	7 200	12 400
Ischim	56°8′	6 800	11 000
Tjukalinsk	55°52′	4 100	5 300
Jalutorowsk	56°41′	3 300	4 400
Akmolinsk	51°12′	9 700	13 800
Barnaul	53°20′	29 300	52 100

*) Atlas des Asiatischen Russland. St. Petersburg 1914 (russ.).

	Geogr. Breite	1897	1910
Biisk	52°32′	17 200	28 000
Semipalatinsk	50°24′	26 200	34 400
Ust Kamennogorsk	49°43′	8 700	13 200
Pawlodar	52°7′	7 700	9 500
Saisan	47°28′	4 400	5 100
Minussinsk	53°43′	10 200	14 300
Troizkosawsk	50°22′	8 800	9 400

Andererseits hat wiederum die geographische Lage der Bahnlinie auf weiter entfernte Teile der Steppengouvernements geradezu entvölkernd gewirkt. Verwaist sind die Strassen, an denen einst kleine Ortschaften als entfernte Verwaltungszentren ihr Dasein fristen konnten. Keine Zunahme, meist sogar Abnahme der Einwohnerzahl zeigen folgende Städtchen, obgleich in den betreffenden Kreisen neue Siedlungen angelegt wurden:

		Geogr. Breite	1897	1910
Geb. Akmolinsk:	Koktschetaw	53°16′	5 000	4 800
	Atbassar	51°49′	3 000	3 000
Geb. Semipalatinsk:	Karkaralinsk	49°25′	4 500	2 600
	Kokpekty	48°15′	2 900	1 700

Bau und Oberflächengestaltung des nördlich vom 50. Parallelkreis belegenen Gürtels bedingen es, dass Sibiriens Steppenfläche nach Osten zu schmäler wird; sie keilt schliesslich im Amurgebiet völlig aus — allerdings nur darum, weil es Russland nicht gelungen ist, die Mandschurei zu erobern und dauernd zu halten. An zwei Stellen erfährt die Steppenfläche, oder sagen wir lieber, der Schwarzerdeboden der Birkensteppe eine Unterbrechung. Einmal schieben die bewaldeten Hänge des Altai sich dazwischen. Freilich, westlich von Tomsk ist Flachland. Hier hat der Sibirier in der Umgebung dieses günstig gelegenen Platzes die Taiga völlig urbar gemacht oder wenigstens völlig entwaldet und so gewissermassen die Brücke gebaut. Der Kreis Tomsk zeigt die Volksdichte 10; es findet hierdurch das Vorteilhafte der Nachbarschaft einer ansehnlichen, am schiffbaren Strom und der grossen Landstrasse gelegenen Stadt seinen geographischen Ausdruck. Die andere Unterbrechung geschieht durch Gebirge, welche den hier 60 km breiten Baikalsee einrahmen. Eine Umgehung dieser Lücke durch zusammenhängende Menschenstreifen ist hier in der rauhen Gebirgsnatur infolge von klimatischen und Bodenverhältnissen nicht möglich. —

Golowatscheff*) setzte 1895 die Nordgrenze des besiedelten Gebietes wie folgt fest:

Im Gouvernement	Tobolsk	58°
	Tomsk	57°
	Jenisseisk	56°
„	Irkutsk	55°

Wenn man bedenkt, dass die Spitze des Birkensteppen- oder Schwarzerdegebietes bei Ischim den 56., am Ob mit genauer Not den 57. Parallel erreicht, so muss man feststellen, dass das Ackerbaugebiet damals nur sehr wenig über den Steppenraum hinausragte. Viel hat sich in dieser Beziehung bis heute nicht geändert.

Wie immer auch in andern Ländern ist der Mensch in Sibirien auf der Linie geringsten Widerstandes gewandert. Wenn nun die Steppe keineswegs eine ebene Fläche darstellt, wenn ihr auch Bäume keineswegs fehlen, sondern im Lande der Kirgisen an Nordabhängen der Berge noch Lärchenwäldchen vorkommen — maßgebend für den Menschen war die Tatsache, dass er überall Stellen fand, an denen nicht gerodet zu werden brauchte. Er konnte den Boden nutzen unter Anwendung des geringsten Masses physischer Kraftleistung. Die Gegenprobe auf die Richtigkeit dieses Satzes, können wir in der Taiga machen.

Auch durch die Taiga bewegten sich die Ansiedler auf der Linie geringsten Widerstandes, indem sie die grössten Ströme abwärts schifften. Gewaltig wird der Widerstand erst, wenn man am Ufer halt macht, um landeinwärts vor-

---

*) Bemerkungen über die russische Kolonisation Sibiriens. Semlewedenije I, 1895, H. 4, S. 29 ff. (russ.).

rückend das Land zu roden, Felder einzurichten und sie zu bebauen. Baumstümpfe aus dem Boden zu reissen, ist eine mühevolle Arbeit! Leichter erscheint es, den Wald abzubrennen, zwischen den Stümpfen zu säen, und zu warten, bis diese selbst zu Erde werden. Den Beweis für das Gesagte finden wir in der geringen Volksdichte jener Taigakreise, welche unmittelbar an das Schwarzerdegebiet grenzen. Der Kreis Tjumen freilich zeigt noch die Volksdichte 8,5. Doch er umschliesst altes tatarisches Kulturgebiet. Seine ehemals, vor Jahrzehnten, von dunklem Nadelwald beschatteten Teile machen infolgedessen mit ihren Birkenhainen den Eindruck, als gehörten sie bereits der Vorsteppe an. Höchst charakteristisch dagegen ist, daß die Kreise Tura sowohl wie Tobolsk eine Volksdichte besitzen, die den geringen Wert von 1,5 nicht übersteigt. Dabei geniesst Tobolsk doch den Ruhm, das älteste russische Verwaltungszentrum Sibiriens zu sein, eine Stadt, die viel von sich reden gemacht hat. Schon in Samarowo, dem nördlichsten Gemeindebezirk dieses Kreises, kennt man den Ackerbau nicht mehr, man will — richtiger gesagt — ihn nicht kennen, man sieht verächtlich auf ihn herab. Hier hat in dem Kampfe, den der Pflug mit dem Netz führt — das letztere bisher immer wieder gesiegt. Der Raum, welcher der Gemeinde zusteht, wird von Flussarmen und Strömen der beiden mächtigen Gewässer Ob und Irtysch durchdrungen; mit 91 km Länge durchfliesst der Hauptarm des Irtysch, mit 107 km Länge der mächtige Ob das Areal der „Wolostj“ Samarowo: ist es da ein Wunder, dass die Einwohner den Fischfang vorziehen, der ihnen die geliebte Speise in Hülle und Fülle erbringt? Nach Dunin-Gorkawitsch*) enthält der Gemeindebezirk Samarowo 752 Höfe. Zu denen gehören 1912: 4098 Menschen, 4822 Pferde, 3517 Stück Rindvieh, 1316 Schafe und Ziegen, 115 Schweine und es werden 30719 Eimer (Wedro) Kartoffeln geerntet. Man kennt hier keine Pflüge und Eggen, denn der

*) Zustand der Landwirtschaft des Tobolsker Nordens im Jahre 1912. Tobolsk 1913 (russ.).

Kartoffelbau geschieht auf Beeten; dagegen besitzt man 305 grosse Zugnetze und 9885 gewöhnliche Netze

Hier im Westen der Taiga macht also der Ackerbau an der Mündung der Konda in den Irtysch auf 59°40′ halt. Wenn er auch, wie ich 1913 feststellen konnte, insular noch bei Beresow unter dem 64. Grad betrieben wird — es behauptet sich dennoch der Fisch auf der ganzen Linie siegreich gegenüber dem Korn!

Auch im Amur- und im Küstengebiet bewirken die besiedelten Flächen, die sich nördlich von dem Riesenstrom nach Osten und östlich vom Ussuri nach Süden ziehen, keine höhere Volksdichte als 2, obwohl der russische Staat aus politischen Gründen sich gedrungen fühlte, hier mit allen Mitteln darauf hinzuarbeiten, eine Ackerbau treibende Bevölkerung anzusiedeln. Nur im Süden der Küstenprovinz sind die Verhältnisse des Bodens und die räumlichen Bedingungen denen der Waldsteppe an die Seite zu stellen. Daher nach Wladiwostok hin eine Art Oase mit ähnlichen Verhältnissen, wie sie etwa zwischen Kurgan und Barnaul herrschen: aller Raum — nach Ansicht der Alteingesessenen — besetzt, neue Siedler sind höchst unwillkommen, nur Intensivierung der Wirtschaft könnte wiederum Platz schaffen.*)

Trotz der niederen Breite dieses Gebietes — der Amur schneidet ja den 50. Parallelkreis an zwei Stellen und senkt sich unter diese Linie hin ab — sind die klimatischen Verhältnisse des Amurlandes sehr ungünstig. Im Sommer vorwaltende Südostwinde bringen viel Niederschläge vom Pazifik heran; Augusthochwässer, durch Monsunregen bedingt, überschwemmen die Ufer des Riesenstromes. Für den Ackerbau günstige ebene Flächen finden sich nördlich vom Amur stellenweise, die im Bau begriffene Amurbahn berührt sie; aber im Winter streichen eisige Winde von Nordwesten aus dem trockenen überkühlten, an Hoch- und Bergländern reichen „Ostsibirien“ ins Amurland herein. Daher die geringen winterlichen Nieder-

*) Komaroff, Küstengebiet und Süd-Ussuriland (Chanka-Expedition). St. Petersburg 1914 (russ.).

schläge, welche den Anbau von Winterkorn erschweren. Es wird immerhin recht viel Weizen gebaut; nahezu die Hälfte der Anbaufläche steht unter diesem Korn.

Durchaus andere, weitaus die interessantesten Verhältnisse in der Taiga walten in dem riesigen Jakutsker Gebiet. Bald nach Gründung der damaligen Festung Jakutsk stellt die örtliche Regierung im Jahre 1640 fest, dass Ackerbau nur bis zur Mündung der Kirenga in die Lena getrieben werden könne, da der Boden nördlich von diesem Punkt im Laufe des Sommers nicht auftaue. Trotzdem wird der Ackerbau allmählich nach Norden vorgeschoben, wenn er auch im 18. Jahrhundert nur bis zur Stadt Olekminsk gelangt ist. Im Jahre 1829 sah Erman Winter- und Sommerroggen schon bei Jakutsk, und das in den 70er Jahren nicht weit von Jakutsk gegründete Dorf Marcha lieferte bereits im Jahre 1880 15525 Pud Getreide an die Regierung und verkaufte ausserdem 10000 Pud an die im Olekma-Witim-Lande gelegenen Goldbergwerke. Zurzeit bildet die zu beiden Seiten der Lena sich hinbreitende, von Aldan und Wilui durchflossene Jakutsker Ebene, deren absolute Höhe sich unter 200 Metern hält, eine eigentümliche Erscheinung, eine grosse Ackerbauinsel in der Taiga. Von der Regierung in dieses Gebiet verbannte Angehörige der Sekte der „Skopzy" sind es gewesen, die den Ackerbau festigten und ihn bis zu seiner äussersten Nordgrenze (Mündung des Kjurga im Wiluigebiet, 64°4') vortrieben.

Jakutsk liegt nicht mehr weit von dem bekannten Werchojansker Kältepol entfernt. Es herrscht strengstes Kontinentalklima: die Julitemperaturen schwanken zwischen 18 und 20 Celsiusgraden, dagegen hat man in 30 Jahren kein höheres Temperaturmittel des Januar als — 17,5° C. beobachtet. Mehr als 200 Tage im Jahr ruht die Eisdecke auf Flüssen und Seen; dabei erreichen die Niederschläge keine grössere Höhe als 20 cm, zumal im Winter sind sie sehr gering. Trotz des heissen Sommers wird der Ackerbau erschwert durch Dürre in der ersten Sommerhälfte, frühe Fröste und Reif im

Juni bei kalten Luftströmungen aus Nordwesten*). Die nachtfrostfreie Periode dauert im Mittel 96—99 Tage und das Geheimnis des Ackerbaues beruht vor allen Dingen darauf, dass man schnellreifende Sorten verwendet; die kürzeste Wachstumsperiode von der Saat bis zur Ernte dauert bei örtlicher Gerste nur 70 Tage!

Wie der Ackerbau im Gebiet von Jakutsk nur eine insulare Erscheinung ist, die keineswegs zur Verdichtung der Bevölkerung geführt hat, zeigt die Tatsache, dass hier dem einzelnen Bewohner bereits sehr viel Raum zur Verfügung steht.**) Verrechnet man die Einwohnerzahlen der einzelnen Kreise auf deren Areal, so kommen im

Kreise	Jakutsk	auf 1 Bewohner	5,5 qkm
"	Wiluisk	"	13,5
"	Olekminsk	"	24,0

Im Durchschnitt der Jahre 1904—1909 war die Anbaufläche folgendermassen bestellt (Anteile v. H.):

	Gerste	Sommer-Roggen	Winter-Roggen	Hafer	Weizen
Kreis Jakutsk	46,05	42,0	0,3	1,4	9,8
Wiluisk	81,1	17,4	0,3	0,2	1,0
Olekminsk	32,5	36,28	0,02	18,9	12,3

Das Jakutsker Ackerbaugebiet ist auch insofern interessant, als es durchaus im Bereich des Eisbodens liegt; höchstens zwei Meter tief taut der Boden im Sommer auf! Ueber den Eisboden ist viel gesprochen und geschrieben worden. Man kennt aber seine geographische Verbreitung in Sibirien doch nur sehr zum Teil. Sein Einfluss auf den Ackerbau ist dann auch verhältnismässig gering. Gibt es doch weite Gebiete in Westsibirien, die der Ackerbauer flieht, obgleich Eisboden gar nicht vorhanden ist. Dagegen erstreckt er sich im Osten weit äquatorwärts, wo er im Amurgebiet noch vielfach vorkommt, in den transbaikalischen Steppen sein

*) Seroscheffsky, Die Jakuten. I. St. Petersburg 1896 (russ.).

**) Droboff, Die Vegetation im Gebiet der Strasse Jakutsk-Ust-Maisk. St. Petersburg 1914 (russ.).

Wesen treibt, schliesslich die sibirische Südgrenze überschreitet und in die chinesische Mongolei eindringt

Eisboden braucht für Ackerbau und Viehzucht kein Hindernis zu sein, aber er ist häufig die Ursache des Vorhandenseins grosser Moorflächen, und er steht in engster Beziehung zu den von dünnen Lärchenbeständen kaum überschatteten Sphagnummorästen des nördlichen Amurlandes. Es ist besser, von der niedrigen Temperatur des Bodens überhaupt zu reden, wenn man an die Moore denkt. Die grössten zusammenhängenden Moorgebiete kennen wir aus der westsibirischen Taiga und zwar vom Kreise Narym*), dessen Name allerdings durch die politisch Verbannten dieses Oedlandes mehr bekannt geworden ist. Die Oberflächengestaltung der zwischen Ob, Irtysch und Tara sich ausbreitenden „Wassjuganskaja Tundra“ ist so eben wie ein Tisch, und man hat wohl Grund zur Annahme, dass es sich hier um den Boden eines riesigen ehemaligen Stausees handelt, dessen Fläche später von Sumpf- und Moorvegetation eingenommen wurde.**)

Wir werden somit auf die Tatsache gestossen, dass die Taiga keineswegs nur aus Wald oder gar Urwald besteht. Ursprünglich nannte gewiss der Siedler den Urwald Taiga, dessen Bäume ihm das Hindernis für den Anbau waren — das Waldstück, dem er gern auswich. Vielfach gelang es ihm, wo er Fischfang treiben konnte, sein Leben so zu gestalten, dass er noch Vieh hielt und zwar desto mehr, je grösser die natürlichen Wiesenflächen waren. Noch heute ist es dem Sibirier das Liebste, die überschwemmten Wiesen der grossen Ströme auszunutzen, welche eine gewaltige Menge von Gräsern produzieren, die zwar nicht sehr zart sind, und uns für unsern Kulturwiesenbetrieb nicht passen würden, mit denen aber das sibirische Vieh sich begnügt. Stellenweise finden sich übrigens auf den sandigen Alluvionen sehr reich-

---

*) Kusnetzoff, Skizze der Vegetation des Narymlandes im Gouv. Tomsk. St. Petersburg 1912 (russ.).

**) Tanfiljeff, Die Baraba. St. Petersburg 1902 (russ.).

lich Leguminosen, welche ein wertvolles Futter darbieten. Von einer Viehzucht in der Taiga zu reden haben nur die Jakuten das Recht; man kann bei Middendorff und Maydell nachlesen wie dieses Volk darauf bedacht ist, der Natur auf feuchtem Boden neue Wiesenflecke abzuringen. Unter den Eingeborenen Sibiriens sind die Jakuten in der Taiga die Einzigen, die grössere Heuvorräte für ihr Rindvieh sammeln; dagegen lebt das jakutische Pferd den ganzen Winter hindurch von dem Grünfutter, welches es sich mit den Hufen unter dem Schnee hervorzuscharren pflegt.

Die Waldbestände der Taiga, deren Dichte eine sehr verschiedene sein kann, zumal sie je nach der Bodengestaltung durch grössere oder kleinere Moorflächen unterbrochen werden, setzen sich in der Hauptsache aus Lärchen zusammen, zu denen Fichten, Tannen, Kiefern und Zirbelkiefern sich gesellen. Unter den Laubbäumen spielt die Birke eine Hauptrolle, denn sie erscheint in Massen üßerall da, wo Brände den Urwald vernichtet haben. Und Brandflächen, teilweise von ungeheurer Ausdehnung, bezeichnen stets die ersten zögernden Schritte des Russen beim Eindringen in die Taiga, während der Eingeborene nichts mehr fürchtet als den Waldbrand, der die Lebensräume wertvoller Pelztiere und die Wildbestände vielleicht für Jahrhunderte vernichtet oder vergrämt. Erst ganz weit im Osten, im Ussurilande ändert sich der Charakter des Waldes, wo Laubbäume edelster Art, darunter Eichen und Linden, in der Ebene zahlreich vertreten sind; vereinzelte ihrer Glieder strahlen als Kinder des Südens in die Taiga des Amurlandes aus, ebenso wie der männermordende Tiger.

Mit den Waldbeständen der Taiga hat der Sibirier bisher nichts anfangen können. Was auch über die sagenhaften Holzvorräte geschrieben ward, in welchen Lobeserhebungen zahlreiche Ausländer über den Reichtum an Holz sich auch ergangen haben mögen — es ist bisher an Holz verschwindend wenig verwertet worden! Den Wald nutzt der Eingeborene aus, der das Eichhörnchen als Massenpelztier fängt oder erlegt, Marder, Hermelin und Zobel als wertvollere

Ware an den russischen Aufkäufer abgibt. Das Holz dagegen wird nicht benutzt. Den besten Beweis für die fast völlige Wertlosigkeit des Holzes der Taiga erkennen wir darin, daß so riesenhafte Verwaltungseinheiten, wie die Jakutskaja Oblastj und der grösste Teil des Gouvernements Jenisseisk forstlich überhaupt nicht bewirtschaftet werden. 1913 wurden an der Tura zwischen Tjumen und Tobolsk, ferner am Ob oberhalb Surgut, die Forsten erst vermessen und zwar auch nur so oberflächlich, dass lediglich einige Hauptlinien hindurchgelegt wurden. Was können Forsteien auch für Werte liefern, wenn der Oberforstmeister einen Raum von 800000 Dessjatinen = 8720 qkm zu verwalten hat! Mir ist der „Forst“ von Samarowo oder vielmehr dessen Waldfläche durch eigene Anschauung bekannt, dessen Zentrum in Samarowo am Irtysch liegt. Diese Forstei umfasst aber die gesamten Waldbestände der Kreise Beresow und Surgut, — man denke! von Verwaltungseinheiten, die zusammen 947 660 qkm messen, dazu ferner die des Gemeindebezirkes Samarowo. Der oberste Beamte, der diese märchenhaft ausgedehnten Wälder mit Hilfe von zwei Förstern bewirtschaftete, hatte seinen Wohnsitz 1913 in der Hauptstadt Tobolsk, war also vom südlichsten Punkt seiner Wälder ungefähr 440 km oder zwei (Dampfer-)Tagereisen entfernt; der beste Beweis dafür, dass die Wälder der Kreise Beresow und Surgut absolutes Zukunftsland sind!

Ich habe mich veranlasst gesehen, ausführlicher von der Taiga zu sprechen, als deren heutige wirtschaftliche Bedeutung erfordern dürfte. Es erscheint jedoch notwendig, nicht nur weil es gilt, zahlreiche, bezüglich dieser Zone umgehende Irrtümer zu beseitigen, sondern weil die Taiga berufen ist, in Zukunft einmal eine ausserordentliche wichtige Rolle zu spielen. Darum wird man bei Zeiten Vorbereitungen treffen müssen, um die weiten Räume der Taiga in zielbewusstem Vorgehen menschlicher Wirtschaft zu erschliessen. Wie gering die Siedlung in der Taiga bis in die letzten Jahre gewesen ist, ersieht man aus dem Vergleich der Einwohnerziffern einer Reihe von Ortschaften.

Da sind zuerst solche, deren Bevölkerung stagnierte oder gar abnahm:

	Geogr. Breite	1897	1900
Turinsk	58°3′	3 200	3 100
Kolywan	55°18′	11 700	11 100
Narym	58°50′	1 100	900
Jenisseisk	58°27′	11 500	10 900
Turuchansk	65°55′	200	200
Kirensk	57°47′	2 300	2 300
Werscholensk	54°6′	1 400	1 200
Olekminsk	60°22	1 100	1 000

Wer die Geschichte Sibiriens verfolgt hat, wird in den obigen Namen teils berüchtigte Stätten der Verbannung, teils Orte grossen Reichtums erkennen wie z. B. Jenisseisk, die Stadt der Goldwäschereibesitzer, die dank der Bahn von Krassnojarsk geschlagen ward.

Aber auch dort, wo im Zeitraum 1897 1910 Zunahme festzustellen ist, bleibt sie gering:

	Geogr. Breite	1897	1910
Beresow	63°56′	1 100	1 300
Surgut	61°15′	1 100	1 400
Tobolsk	58°12′	20 400	20 700
Kusnezk	53°50′	3 100	3 900
Balagansk	53°46′	1 300	2 000
Ilimsk	56°36′	600	1 000
Jakutsk	62°1′	6 500	8 200
Wiluisk	63°45′	600	1 000
Werchojansk	67°33′	400	500
Sredne-Kolymsk	67°10′	500	600
Bargusin	53°27′	1 400	2 300
Ochotsk	59°21′	300	600
Gischiginsk	62°2′	400	700
Petropawlowsk (Kamtschatka)	53°0′	400	1 100

Nur eine Ortschaft kenne ich, von deren Existenz 1897 nichts bekannt war — Bodaibo, Die Goldwäscher-Stadt, die später soviel von sich reden machte, deren Einwohnerzahl 1910 mit 4000 angegeben wird, verdankt diesen Umstand lediglich ausländischen, und zwar englischen Einflüssen. —

Je weiter nach Norden desto lichter wird der Wald, desto niedriger sind die Stämme, deren Holz mehr und mehr im Werte sinkt. Mit Zacken und Zungen reichen nur noch an den Flüssen säumende Waldstreifen in die waldlose Landschaft des Nordens, in die Tundra*) hinein. Von ihr wird fälschlicherweise angenommen, dass sie unergründliche und unendlich weite Moore ihr eigen nenne. Man sollte es vermeiden, den Namen Steppe oder gar Sumpfsteppe auf die Tundra anzuwenden. Das könnte zu üblen Verwechslungen führen, und vor allem falsche Begriffe über die klimatischen Verhältnisse der Tundra hervorrufen. Der des Baumwuchses entbehrende Streifen trägt nur noch einzelne Waldinseln. Mit grösserer oder geringerer Breite säumt er die Küsten des nördlichen Eismeeres. Wo diese Einstülpungen nach Süden zeigt, weicht auch die Tundra landeinwärts zurück; wo die Küste weiter nach Norden vorspringt, wie an der Taimyrhalbinsel, erhebt sich auch die Waldgrenze weiter nach Norden. Die Abhängigkeit der Breite des Tundrengürtels von den klimatischen Verhältnissen (Eisbedeckung) sowie der Küstengliederung des Polarmeeres ist nicht zu verkennen.

Gewiss bestehen einige Aehnlichkeiten zwischen Tundra und Steppe. Vor allen Dingen gewähren beide Landschaften dem Menschen die Möglichkeit, ungehindert mit Herdentieren von Weideplatz zu Weideplatz umherzuziehen. Auch in der Tundra ist genügend Vegetation vorhanden. Millionen von Tieren finden hier gute Weide, und die Zeit muss einmal kommen, da man in den Polargebieten eine geordnete Renntierzucht auf wissenschaftlicher Grundlage treiben wird, ganz ebenso wie das in niederen Breiten mit Pferden, Rindvieh und Schafen schon der Fall ist. In Sibirien sind es

*) Tundra hier als geographische Zone. (Sonst pflegt der Sibirier auch Torf oder Torfmoore der Taiga „Tundra" zu nennen, so z. B. S. 18: „Wasjuganskaja Tundra").

bisher nur Eingeborene, welche sich mit Renntierwirtschaft beschäftigen, wenn auch Russen oder Syrjänen den grösseren Vorteil davon zu haben pflegen. Als ich im Jahre 1913 gelegentlich meines Aufenthaltes in Obdorsk einen russischen Grosskaufmann besuchte, zeigte mir dieser den Brief einer dänischen Firma aus Kopenhagen, die sich erbot, jede beliebige Menge Renntierfleisch zu kaufen. Diese Anfrage ist vielleicht bezeichnender und sagt mehr als eine grosse Abhandlung. Die Nachfrage ist eben schon über den Ural an die Obmündung vorgedrungen.

Der grösste Teil der Tundra kann durch Renntierwirtschaft ausgenutzt werden, und Herden weiden im Raum nördlich der Waldgrenze, angefangen von Jamal im Westen bis zum Ostkap der Tschuktschenhalbinsel im äussersten Osten. Lediglich die Halbinsel Taimyr bleibt der Renntierwirtschaft verschlossen; sie liegt bereits zu hoch im Norden; sie bietet insofern einen höchst interessanten Fleck unseres Erdballs dar, als man ihr das Zeugnis „unbewohnt“ ausstellen kann. Wie gross die Zahl der in der Tundra lebenden Renntiere ist, welchen Wert sie für die Bewohner haben und im Handel ergeben, lässt sich noch nicht feststellen. Beispielsweise möge erwähnt werden, daß im Kreise Beresow des Gouvernements Tobolsk eine Samojedenbevölkerung von 6534 Köpfen*) lebt; die in der Tundra vorhandenen Renntiere, welche sich in der Hauptsache auf Jamal und die Namenlose Halbinsel**) verteilten, wurden i. J. 1908 auf 247,000 Stück***) geschätzt. Dagegen hielten die Eingeborenen, welche im Waldgebiet des Kreises Beresow lebten, nur 24400 Renntiere, also etwa 10%. Die Tundra ist das eigentliche Gebiet der Renntierzucht, welche Kleidung, Fleisch und Transporttiere liefert. Die Tundra verfügt sogar über eine gewisse Kleiderindustrie,

---

*) Im Jahre 1911. Nach Dunin-Gorkawitsch, Zustand der Landwirtschaft des Tobolsker Nordens im Jahre 1912. Tobolsk 1913 (russ.).

**) So nenne ich die zwischen Ob- und Tasbusen liegende Halbinsel.

***) Schitkoff, Die Halbinsel Jamal. Sapisski der K. R. Geogr. Ges. f. allg. Geogr. Bd. XLIX, 1913 (russ.).

und ein grosser Teil der Bewohner der nördlichen Taiga wäre ohne Renntierpelze dem Untergang geweiht. Wenn Renntiere in der Taiga gehalten werden, so geschieht das nur zu dem Zweck, Zug- oder Reittiere zu besitzen. In Ostsibirien zieht sich diese Art der Viehzucht südwärts bis ins Amurland hinein, wo sie den 51. Parallelkreis erreicht. Renntierherden werden dagegen in niederen Breiten Sibiriens nur da gehalten, wo Gebirge die Walddecke durchbrechen, also in ihren höheren Regionen waldlose Gebiete aufzuweisen haben. Wie hoch diese Herden zu bewerten sind, entzieht sich unserer Kenntnis.*) Es ist kaum anzunehmen, dass sie einen nennenswerten Faktor des Wirtschaftslebens im gebirgigen Teile Sibiriens bilden. Neben der Renntierwirtschaft betreibt der Bewohner der Tundrenzone, sofern er den Eingeborenen angehört überall da Jagd und Fang, wo er seine Herde weidet. Dies ist der ungeheure Vorteil, den die übergrosse Fläche freien Raumes ihm bietet. Er braucht das Fleisch seiner Herdentiere nicht zu essen, sondern kann es verkaufen, um sich Brod, Mehl, Tee, Zucker und anderes dagegen einzutauschen. Was er zu seiner Ernährung braucht, bieten ihm die Tundra-Seen und -Flüsse in Gestalt von Fischen dar; ausserdem ist er in der Lage, eine grosse Menge von Zugvögeln, in der Hauptsache von Gänsen, zu schlagen solange sie sich in der Mauser befinden. Dazu kommt nun noch der Fang Pelzwerk und Daunen liefernder Tiere, unter denen der Polarfuchs den ersten Rang einnimmt.

Im Gegensatz zum Eingeborenen vermag der in Sibirien siedelnde Europäer von seinen in Steppe und Taiga gewohnten Berufen wenig in die Tundra hinüberzuretten. Allenfalls kann noch auf den überschwemmten Wiesenflächen an den Unterläufen der grossen Ströme eine gewisse Stückzahl von Rindvieh gehalten werden, welche dann dazu dient, das Leben

*) Renntierherden halten sogar noch die Sojoten im Gebirge am obersten Jenissei, also ausserhalb der russischen Grenze im Uranchailande. Vgl. Bogolepoff und Soboleff, Umrisse des russisch-mongolischen Handels. Tomsk 1911 (russ.).

des Fischerei treibenden Siedlers angenehmer zu gestalten. — Günstig gelegene Meere pflegen vermittelst ihrer Küsten den Wirtschaftsraum eines Landes zu vergrössern. Vom Sibirischen Eismeer kann man das nicht behaupten. Wohl führen die grossen Ströme, die zum Teil die Steppe durchfliessen, deren Wassermengen im Sommer Gelegenheit haben, sich beträchtlich zu erwärmen — wohl führen sie dem Polarmeer warme Wasserschichten zu*), welche sich je nach Wind- und Stromrichtung in mehr oder minder breiten Streifen an die Küsten legen, somit den Fluss noch über seine Mündung hinaus verlängern. Trotzdem blieben die Gestade des Polarmeeres bisher so gut wie unbewohnt. Nur stellenweise erreicht im Sommer der Nomade das offene Eismeer und selten kommt es vor, daß er hier und da im Winter einen Eisbären erlegt. Ueberhaupt ist der Fang der großen Seetiere kein Gegenstand des Erwerbs für den Bewohner der Tundra. Jedenfalls sind diese Tiere nicht häufig genug, sie bieten nicht jene Massen dar, welche nötig sind, um eine große Schar von Menschen zu beschäftigen; offenbar haben wir die Ursache in den klimatischen Verhältnissen des Meeres zu suchen, das zudem in weiter Ausdehnung seicht ist, dessen Boden meist sandige oder schlammige Beschaffenheit aufweist. Und doch sendet das Eismeer allsommerlich gewaltige Mengen köstlicher Fische in die sibirischen Ströme aufwärts, vornehmlich Corregonen und Störarten, welche in jedem Strom an ganz bestimmten Tagen anlangen und in fester, durch die Natur geregelter Zeitfolge die Flüsse hinansteigen. Wo könnte daher der Fischfang mit mehr Vorteil betrieben werden, als in den Mündungsgebieten? Und tatsächlich, es ist so. In der Tundra, am Unterlauf der großen Ströme finden wir deshalb wiederum eine gewisse Anhäufung von Menschen. Aber auch hier ward dafür gesorgt, dass diese Mengen auf ein geringes Maß beschränkt blieben. Der

*) Eine Zusammenstellung der Wassertemperaturen gibt Poliloff, Ueber den Einfluss der sibirischen Flüsse auf die Gewässer des Eismeeres und des Karischen Meeres. St. Petersburg 1907 (russ.).

Grund ist ein geographischer — die Entfernung. Folgende Längen haben wir zu verzeichnen:

Von der Obmündung bis Omsk	1881 km
Tjumen .	2219
„ „ Nowo-Nikolajewsk	3093

(Die Gesamtlänge der Donau beträgt nur 2860 km!!)

Das sind die drei Punkte, an denen die Hauptströme des Obsystems von der Bahn geschnitten werden. Soweit also liegen sie vom Meere entfernt, welches hier in Gestalt von Ob- und Tasbusen doch noch sehr tief ins Innere des Landes eindringt. Mit welchen Fischreichtümern man es an den genannten schlauchförmigen Buchten zu tun hat, habe ich nach meinen eigenen Beobachtungen in der Zeitschrift der Gesellschaft für Erdkunde, Berlin 1917, bereits geschildert. Als nicht weniger fischreich gilt das Gebiet des untern Jenissei, wo früher auch die Jagd der grossen Seesäugetiere einträglich gewesen sein muss, wenn man die zahlreichen Ortschaften berücksichtigt, die sich auf alten, aus dem 18. Jahrhundert stammenden Karten verzeichnet finden. Die Entfernung von der Jenisseimündung bis zur sibirischen Bahn, oder was dasselbe ist, nach der Stadt Krassnojarsk ist mit 2655 km nicht gering. Die Länge des schiffbaren Laufes der Lena zählt gar 4480 km (gegenüber einer Gesamtlänge der Wolga, des grössten europäischen Stromes, von nur 3910 km), aber dieser ostwärts ausgebogene Riesenstrom erreicht ja die grosse und einzige Verkehrslinie Sibiriens, die Bahn, überhaupt nicht mehr. Oestlich der Lena verlaufen noch drei nach europäischen Begriffen sehr mächtige Flüsse in nahezu meridionaler Richtung, deren längster, die Kolyma, nur auf 1130 km schiffbar ist, aber erst nördlich vom 60. Parallelkreis entspringt, somit als Verkehrslinie in diesem Falle, d. h. im Interesse der an den Flussmündungen zu betreibenden Grossfischerei überhaupt keine Rolle spielt.

Um an einem Beispiel, dem Ob, zu zeigen, welche Bedeutung die in der Tundra gelegenen Mündungsgebiete und

Unterläufe nicht nur für die örtliche Bevölkerung, sondern für den Grossbetrieb haben, benutze ich folgende Tabelle: *)

Kreis	Gemeindebezirk	Gewässer	Zahl der Fischplätze		
Surgut	Lokossowo	Ob		3	
	Tundrinsk	„	5	11	
		Obarm Rep-Jugan	1		
		Ljamin	1		
		Salymer Ob	4		
Tobolsk	Samarowo	Salymer Ob	5	28	97
		Grosser Ob	13		
		Irtysch	10		
Beresow	Jelisarowo	Ob	12	55	
	Kondinsk		25		
	Kasym und Podgorsk		6		
	Kunowat		12		
Beresow	Obdorsk	Ob oberhalb Obdorsk	18	71	
		Obarm Wulpossl	3		
		Ufer des Gross. Ob	28		
		Inseln „ „ „	7		
		„ des Chamaniolschen Ob	10		
		Kleiner Ob	5		

Wir vergleichen hier einerseits die Gemeindebezirke Lokossowo, Tundrinsk, Samarowo, Jelisarowo, Kondinsk, Kasym, Podgorsk und Kunowat, die der Ob in der Taiga mit einer Länge von 1492 km durchfliesst, und andererseits den Gemeindebezirk Obdorsk, innerhalb dessen die Stromlänge nur 356 km misst. Trotzdem verfügen die Bewohner der Obdorsker Verwaltungseinheit über Fischplätze, deren Zahl nicht ganz 25 % weniger als die der übrigen am Ob belegenen Gemeindebezirke ausmacht. —

Die Zonen, die wir bisher besprochen haben, sind auf

*) Die Werte sind dem 1904 von Dunin-Gorkawitsch herausgegebenen Adressbuch des Gouv. Tobolsk entnommen (russ.).

Grund der durch die klimatischen Verhältnisse geschaffenen Bedingungen von Boden und Pflanzendecke natürliche Wirtschaftsgebiete, und nichts könnte vorteilhafter sein, als dass sie, wie ja tatsächlich aus jeder Karte ohne weiteres klar wird, von den natürlichen Verkehrsstrassen senkrecht geschnitten werden. Doch müssen diese Ströme, obgleich sie in ihren Mündungsgebieten alljährlich eine warme Atmosphäre schaffen, trotzdem die grössten unter ihnen die Südgrenze Sibiriens schneiden oder doch in deren Nähe beginnen — so müssen sie eben leider als Sackgassen angesehen werden, so lange die Auswege des sibirischen Eismeeres nach den Ozeanen verstopft oder verschlossen sind.

Betrachten wir unsere Wirtschaftszonen nach ihrer Naturbeschaffenheit, so erscheint die baumreiche Taiga an beiden Seiten, im Norden und Süden, von baumarmen Gürteln eingefasst, die dazu bestimmt sind, der Viehwirtschaft zu dienen. Tundra und Steppe werden ihrerseits von öden Gebieten gesäumt. Dem Eismeer im Norden entspricht im Süden — allerdings nur im Westen Sibiriens ausgebildet — die Wüstensteppe, die zahlreiche Seen aufzuweisen hat, welche dem Reisenden im Sommer Eisdecken vortäuschen, aus denen man in grossem Stile Salz gewinnt. Der Mensch hat indessen die Symmetrie, die im System dieser Gürtel herrscht, gestört Mit der Taiga wußte er nichts rechtes anzufangen. Dagegen machte er die Steppe urbar, deren ursprüngliche Wirtschaftsform er ganz an den Südrand derselben drängte. Alles was in Sibirien bisher geschaffen wurde, verdankt Leben und Existenz der beackerten Steppe! Dass dieser Streifen auch die grosse sibirische Bahn unterhalten konnte, dem liegt eine besondere Gunst der Natur zu Grunde. Führt doch die Bahnlinie gerade über die reichsten Kohlenfelder hinweg, und die Bahn war es bisher fast einzig und allein, welche die reichen und wertvollen Vorräte an fossilem Brennmaterial ausnutzte. Das ist aber kein Zufall, sondern eine geographische Erscheinung von grosser, ja allergrösster Bedeutung für ganz Sibirien.

Der russische Geograph Peter Semenoff*) (später Tjanschansky genannt) hat Sibirien im Jahre 1893 in drei Zonen zerlegt:

I. Kultur- und Landwirtschafts Zone.
II. Zone der hochstämmigen Wälder.
III. Zone der polaren Tundren.

In Zone I wohnen volle 90 % der Bevölkerung Sibiriens, obwohl sie an Flächeninhalt dem Schwarzerdegebiet des europäischen Russland annähernd gleicht, das zu jener Zeit rund 70 Millionen Menschen beherbergt!

Richter**) hat sich dann bemüht, die von Semenoff eingeführte Einteilung durch eine Flächenberechnung zu vervollständigen. Er findet, dass

Kultur- und Landwirtschafts-Zone	17
Waldzone	4[illegible]
Polare Tundrenzone	

vom Gesamtareal Sibiriens einnehmen. Auf Semenoffs 1 und wichtigste Zone entfallen daher nach Richter 2.187 700 qkm, obgleich die damals nur an wenigen Stellen vom Pfluge furchten Gebiete Akmolinsk und Semipalatinsk Sibirien nicht zugerechnet werden.

Ich fand es nicht passend, der diesem Buch beigelegten Karte jene veraltete Zoneneinteilung zu Grunde zu legen. Es musste ein Weg gewählt werden, der die wissenschaftlichen Ansprüche unserer Zeit befriedigte. Da erschien es mir in diesem Fall am richtigsten, meiner Karte der drei grossen Landschaften***) die Grenzen einzufügen, die sich auf Glinkas Bodenkarte finden. Wir sind ja in der glücklichen Lage, die glänzende Arbeit von Glinka****) in einer (wenn auch

---

*) Sibirien und die Grosse Sibirische Eisenbahn. St. Petersburg 1893 (russ.).

**) D. J. Richter, Versuch einer Einteilung des europäischen Russland in Gebiete. St. Petersburg 1898 (russ.).

***) Meine Auffassung darüber habe ich in der Zeitschrift der Gesellschaft für Erdkunde, Berlin 1919, S. 437, ausgesprochen.

****) Die Typen der Bodenbildung, Berlin 1914.

vielfach zu sehr ans Wort gebundenen) deutschen Uebersetzung zu besitzen, aus der sich vieles herauslesen lässt, was das Verständnis der Natur Sibiriens (ganz allgemein gesprochen) ungemein erleichtern dürfte. Sind nun auch die Grenzen bei Glinka Linien, die den ungefähren, bisweilen recht hypothetischen Verlauf der Steppen-, ausgelaugten Wald- und Tundraböden nur andeuten, so halte ich es doch für richtiger, sie auf einer derartigen Karte den noch mehr hypothetischen Wald- oder Baumgrenzen vorzuziehen. —

Man könnte nunmehr die Flächen der Steppe, Taiga und Tundra ausmessen und in Beziehung zueinander setzen — wirtschaftsgeographisch brauchbare Grössen würde man dennoch nicht erhalten. Es dürfte überhaupt zu den schwierigsten Kapiteln gehören, etwa die Getreide-Anbaufläche irgend eines sibirischen Kreises berechnen zu wollen. Kenner Sibiriens nehmen beispielsweise an*), dass in den Kreisen des „Altaisky Okrug“ Barnaul, Biuisk und Kusnezk vom anbaufähigen, d. h. vom Boden, der sich beackern lässt, 70% der Salesch-Wirtschaft**) und 30% einer primitiven Salesch-Dreifelder-Wirtschaft unterzogen werden. In ersterem Falle werden bei der Salesch-W. 15%, im zweiten Falle der Salesch-Dreifelder-W. 25% des Ackerbodens beackert; bei Uebergang zur reinen Dreifelderwirtschaft, d. h. bei Erreichung dieses noch weit im Felde liegenden Zukunftsideals kann die genutzte Anbaufläche auf 40% erhöht werden!

Unter solchen Umständen wäre es vielleicht am Platz, ein sehr entschiedenes Verfahren einzuschlagen, um zu einer gewissen, nicht allzu nichtssagenden Grundlage zu gelangen. Die Grosse Sibirische Bahn misst von Tscheljabinsk bis nach

---

*) Diese und auch die weiter unten über Ab- und Ausfuhr von Getreide gemachten Angaben sind einer, 1917 in St. Petersburg gedruckten Denkschrift entnommen, die das „Sibirische Büro“ von Vertretern des Börsenhandels und der Landwirtschaft herausgibt: „Plan der Bahnbauten in Sibirien für das nächste Jahrzehnt“ (russ.).

**) Salesch eigentlich „aufgelassenes Feld“, der Ausdruck für primitivste Form des Brache. (Vgl. S. 10).

Stretensk (jener Station an der Schilka, welche Ausgangspunkt der Amurschiffahrt ist und am Ostrande der sibirischen Schwarzerdezone liegt) — 4686 km. Die äusserste Grenze der Entfernung einer lohnenden Getreidebeförderung mit Pferden zur Eisenbahnlinie wird auf rund 165 km angenommen: 4686×330 = 1546380 qkm oder rund 11 % des Flächeninhalts des gesamten Sibiriens, das ist der Wert, der uns eine Vorstellung von der Grösse der Haupterzeugungsfläche für Getreide vermittelt. Weiter als 165 km in senkrechter Richtung von der Bahn entfernt kann ein Anbau zu Zwecken der Ab- oder Ausfuhr nicht betrieben werden. Mit jeder Schaffung einer neuen Bahn werden mithin im Gebiet anbaufähigen Bodens neue Erzeugungsflächen erschlossen, so z. B. durch den im Jahre 1913 erfolgten Bau der Linie Tjumen-Omsk.

Mag diese Rechnung nun auch sehr anfechtbar sein (jeder schiffbare Fluss, den die Eisenbahn quert, vergrössert ja die lohnende Entfernung der Zufuhr), sie stimmt doch insofern und beweist zugleich, dass das eigentliche Erzeugungsgebiet des sibirischen Getreides — der lange Streifen der Schwarzerde ist.

Für die Abfuhr von Getreide mit der Bahn gelten folgende Ziffern:

	Abfuhr in westlicher Richtung		Abfuhr in östlicher Richtung	
	Tscheljabinsk-Petropawlowsk	Tokuschi-Atschinsk	Tscheljabinsk-Petropawlowsk	Tokuschi-Atschinsk
1906	23 615 000*)	4 401 000	1 687 000	5 734 000
1907	32 895 000	19 543 000	345 000	3 445 000
1908	27 345 000	18 663 000	154 000	3 197 000
1909	25 143 000	14 177 000	164 000	5 753 000
1910	13 390 000	3 389 000	647 000	5 280 000
Mittel:				
1906/10	24 475 000	12 034 000	600 000	4 600 000
1913	19 092 000	16 755 000	1 225 000	8 113 000

*) 1 Pud = 16,38 kg.

	Abfuhr in beiden Richtungen	
	Tscheljabinsk-Petropawlowsk	Tokuschi-Atschinsk
1906	25 302 000	10 135 000
1907	33 240 000	22 988 000
1908	27 499 000	21 860 000
1909	25 307 000	19 530 000
1910	14 037 000	8 667 000
Mittel: 1906/10	25 075 000	16 634 000
1913	20 317 000	24 268 000

An diesen Daten interessieren uns die Zahlen mit ihren durch Ernteverhältnisse*) bewirkten Schwankungen ebenso wie die Tatsache, dass die Strecke Tscheljabinsk — Petropawlowsk 523 km lang ist, während die Strecke Tokuschi (Nachbarstation von Petropawlowsk) — Atschinsk einschliesslich des Zweiges Taiga — Tomsk beinahe das dreifache, 1528 km misst. Sie zeigen uns mit Deutlichkeit, dass der westliche Abschnitt bald das fünffache des östlichen Abschnitts sammelt, wenn man die Getreidemengen auf Länge der Strecken verrechnet. Von anderen wichtigen Fingerzeigen wird weiter unten die Rede sein.

Die Reichweite der Getreidelieferungen nach Osten ist gering. Altaisches Getreide kann nicht weiter verfrachtet werden als bis nach Transbaikalien. Das Amurland ist mit seinem Getreidebedarf auf die Mandschurei angewiesen. Die Hauptmasse des nach Westen abgesandten Getreides gelangt zur Ausfuhr. In runden Zahlen wurde auf der gesamten Strecke Tscheljabinsk — Atschinsk an Getreide aus Sibirien entführt:

1901	4 900 000	1906	29 500 000
1902	2 700 000	1907	48 600 000
1903	9 500 000	1908	41 100 000
1904	17 800 000	1909	37 000 000
1905	16 800 000	1910	14 500 000
Mittel: 1901/1905	10 300 090	Mittel: 1906/1910	34 100 009

*) 1907 und 1910 sind sibirische Missernteјahre; 1907 erlitt das europäische Russland eine Missernte.

Aus diesen Ziffern geht beim Vergleich mit den auf voriger Seite gemachten Angaben hervor, wie gering die Getreidemenge ist, die in Sibirien verbleibt, dort verzehrt oder verarbeitet wird. Auch bei diesen Ausfuhrwerten treten gute und schlechte Ernten deutlich hervor; erstere führten in den Jahren 1911 und 1912 zeitweilig zu bedeutender Ueberlastung der Sibirischen Bahn, die sich besonders auf den Strecken Kainsk-Omsk und Omsk-Petropawlowsk unangenehm fühlbar machte.

Der von mir als hauptsächliche Getreide-Erzeugungsfläche bezeichnete Raum ist es auch, von dem das wichtigste Ausfuhrprodukt des Landes, die Butter, ihren Ausgang nimmt. Sie bietet die denkbar beste Verwertung der auf einer gegebenen Fläche wild heranwachsenden Gräser und Kräuter in der Viehwirtschaft. Das Resultat ist dann eine unbegrenzt weltmarktfähige Ware, die wenig Raum einnimmt und verhältnismäßig viel Gewinn abwirft. Butterbereitung ergibt die vorteilhafteste Ausnutzung der — wie wir bereits sahen — auf großen Flächen weidenden, wenig gepflegten und beachteten, an sich recht wertlosen Rinderrassen. Dadurch, daß der sibirische Bauer sich in Genossenschaften zusammenschloß und die Milch regelmäßig in die Molkereibetriebe abführte, entstand eine neue, eine echt sibirische, auf viel Raum zugeschnittene Wirtschaftsform, deren Nutzen durch einige Zahlen*) genügend charakterisiert wird:

Zahl der Molkereigenossenschaften	1894	1895	1912
im Gouvernement Tobolsk	1	?	1200
„ „ Tomsk	?	12	2200

Auf der sibirischen Bahn verfrachtete Butter:

1894 400 Pud, 1912 4500000 Pud.

Die oben bereits erwähnte Strecke Atschinsk—Tscheljabinsk lieferte in den Jahren 1906—1910 folgendes an Tierprodukten nach Russland und weit über Russland hinaus auf den Weltmarkt:

*) Nach S. Popoff, Sibiriens Aussichten in der Industrie. Handels- und Industrie-Zeitung 1913 (russ.).

	Butter	dav. nach Balt. Häfen	Fleisch	Insges.
1906	2 875 500*)	2 589 000	2 403 000	5 278 000
1907	3 525 000	3 140 000	2 575 000	6 100 000
1908	3 555 000	2 989 000	2 260 000	5 815 000
1909	3 489 000	3 008 000	2 383 000	5 872 000
1910	4 028 000	3 308 000	2 728 000	6 756 000

Hier tritt nun ein weiteres Ausfuhrprodukt als Erzeugnis der Viehwirtschaft hinzu, welches nicht wie die Butter an die Eisenbahn gebunden erscheint. Der Aktionsradius eines Viehtransportes kann 1000 und mehr km betragen; Vieh verträgt den Antrieb auf weite Entfernungen; an der Bahn wird es geschlachtet und das Fleisch in Kühlwagen in die Residenzen und Städte des europäischen Russland geschafft. Außerdem liefern die einzelnen Steppenkreise und deren Nachbargebiete Häute und Felle in grosser Menge, von denen 25 % in Sibirien, 75 % dagegen im europäischen Russland oder im Ausland verarbeitet werden. Im Jahre 1912 ward dieser Rohstoff in folgenden Stückzahlen von den einzelnen Gebieten auf den Markt gebracht:

	Grosse Häute	Kalbfelle	Schaffelle	Ziegenfelle
Barnaul	170 000	250 000	—	—
Biisk u. Smeinogorsk	100 000	100 000	60 000	—
Ust-Kamenogorsk	25 000	50 000	50 000	—
Semipalatinsk	200 000	—	1 000 000	500 000
Mongolei	90 000	–	100 000	—

Mit dieser Tabelle, aus der sich übrigens ganz lehrreiche tiergeographische Ergebnisse herauslesen lassen, mag es sein Bewenden haben.

Der Steppenboden liefert aber durchaus nicht all die genannten Erzeugnisse und Rohstoffe nur an die Bahn ab. Was er hergibt, hat allmählich doch zum Entstehen einiger Gewerbs- und Industriezweige geführt, auf deren weiterer Entwicklung eigentlich die Zukunft der verschiedenen Steppengiebete beruht. Der Ackerbau dient der Müllerei, Brauerei

*) 1 Pud = 16,38 kg.

und Brennerei, die Viehwirtschaft gibt Anlaß einerseits zur Rohstoffzubereitung z. B. Wollwäscherei, Talgschmelzerei und Gedärmeverarbeitung und dann zur Rohstoffverarbeitung mit Hilfe der Seifensiederei, Leimfabrikation, Kerzenfabrikation, Leder- und Wollwarenindustrie.

Welche Entwicklungsmöglichkeiten die bisherige Ausnutzung der wichtigsten Wirtschaftszone, der Steppe, dem Sibirier in Aussicht stellt, zeigt das Anwachsen von Zahl und Produktionswert der Fabriken:

	1900		1910	
	Zahl	Produktionswert	Zahl	Produktionswert
Geb. Akmolinsk	470	6 820 000 R.*)	1160	27 000 000 R.
Gouv. Tobolsk	2120	8 920 000 „	4500	21 000 000 „
Gouv. Tomsk	5670	14 300 000 „	8500	27 800 000 „

Durch Behandlung der einzelnen Zonen, d. h. Wirtschaftsstreifen sind nun die Grundfarben angelegt; sie erscheinen genügend scharf abgetönt; auch die Wirtschaftslinien der Ströme treten deutlich hervor. Doch so einfach ist Sibirien nicht organisiert. Damit wird das Bild nicht erschöpft. Noch gilt es, nach anderer Richtung zu zerlegen, mit starken und feinen Strichen zu gliedern, Licht und Schatten richtig zu zu verteilen.

Der Osten: Amur-Gebiet, Küsten-Gebiet, Sachalin, Kamtschatka-Gebiet — zusammen 2 328 190 qkm Land, 854 900 Menschen (vgl. S. 3). Er beginnt dort, wo aus Schilka und Argun der Amur entsteht — eine Schiffahrtstraße von 3260 km (mit Schilka 3836 km), eines der wichtigsten Fischgewässer, dessen Keta-Lachse jeder russische Großstadtbewohner kannte. Der Amur durchbricht die Ausläufer des Großen Chingan, dann tritt er in die mittlere Amurebene ein. Hier breitet eine niedrige Tertiärtafel zwischen Seja und Bureja sich aus, eine Siedlungsfläche, die auf mehr als 500 qkm mit Braunkohle gedielt erscheint. Der „Bureja-Sawita-Braunkohlenbezirk“ wird auf 625 Millionen Tonnen geschätzt. Blago-

*) Ein Rubel damals = 2,16 Rm.

weschtschensk, an der Sejamündung, Kulturzentrum mit einiger Industrie, ist wichtiger Umladehafen wegen der weiter oberwärts auf dem Amur bei Niederwasser schwieriger werdenden Schiffahrt, vor allem die Pforte der das Land nährenden Getreide- und Vieheinfuhr aus der Mandschurei. Weiter stromab wird der kleine Chingan durchbrochen; an Chabarowsk — Beamtenstadt, Sitz des Generalgouverneurs — vorbei, gelangen wir in die untere Amurebene mit ihren großen Seen und Sümpfen. Die in der Stromniederung aus nasser Moorerde üppig aufschießenden Grasbestände werden immer noch fälschlich als Präerien angesprochen.

Mit Hilfe der 645 km stromauf führenden Seja-Schiffahrt erreicht man das Innere der vom Amur umschlungenen Landmasse. Baumartig verzweigt sich der Fluß in dem aus Granit und Gneis aufgebauten Seja-Goldland, einem 1000 bis 1400 m hoch ansteigenden alten Rumpf. Die von Kuenga bis Chabarowsk 2000 km messende Amurbahn läuft am Südrand vorbei. Aehnlich gebaute, gleichfalls an Goldseifen reiche Gebiete der oberen Selemdscha, Bureja, des oberen Amgun, reihen ostwärts sich an. Eine von Aleksejewsk nach Nikolajewsk (960 km) geplante Bahn soll sie erschließen. Die Hauptfläche also bilden Plateau- und Bergländer, durchweg bewaldet und reichlich mit Moosmorästen („Mari") versehen. Doch erscheint es wenig tröstlich, wenn ein zwischen 54. und 55. Parallel (Breite von Nordschleswig) belegener Landstreifen von 700—960 m Meereshöhe mit dem polaren Finnland auf eine Stufe gestellt wird*). Dahingegen ist es eine für sibirische Verhältnisse schmale, langgestreckte Landscheibe, die Ussuri und unterer Amur abtrennen. Vereinzelte gewölbte Gebirgsrücken scheinen gleichsam ertrunken in der Ebene feuchter oder nasser Auen dieser Ströme. Parallel der natürlichen Verkehrsader des Ussuri läuft die gleichnamige Bahn mit 755 km Länge. Fruchtbares Land um den Chanka-See vergrößert die zusammenhängende Siedlungsfläche der West-

*) Jaworowsky, Geologische Untersuchungen im goldführenden Gebiet der Seja 1899. St. Petersburg 1901 (russ.).

seite. Ostwärts dagegen stellt Sichota-Alin sich in den Weg, eine Reihe durch tiefe Schluchten und Täler mit steilen Hängen getrennter Bergketten — als Regenfänger und zugleich furchtbares Verkehrshindernis bis zum Bruchrand der flach nach auswärts gebogenen Küste. Hier drängt nun alles vom unwirtlichen Norden über die Vereinigung der großen Sibirischen- mit der Ussuri-Bahn hinweg nach dem äußersten Süden. Nichtig dünkt uns, obwohl Zentrum des Fischhandels nach Japan hin, an der Amurmündung die Stadt Nikolajewsk, gegenüber Wladiwostok mit seinem „Goldnen Horn", dem am meisten eisfreien Hafen an Sibiriens Küsten. Die Bedeutung beider wägt folgende Aufstellung gegeneinander ab:

Wladiwostok 1910

Angekommene Schiffe	1906	davon russische .	682
Tonnengehalt	1 234 148	der russ. Schiffe .	670 686
Einfuhr (Pud) . .	24 300 473	auf russ. Schiffen	10 972 057
Ausgelaufene Schiffe	1104	davon russische	690
Tonnengehalt .	1 254 236	der russ. Schiffe .	667 111
Ausfuhr (Pud)	20 455 029	auf russ. Schiffen	3 032 041.

Nikolajewsk 1910*)

Anzahl der verkehrenden Schiffe	108	davon russische	15
Einfuhr (Pud)	4 714 049	Ausfuhr (Pud)	3 032 041

Während Nikolajewsk ein unentwickeltes, noch völlig „rohes" Hinterland besitzt, ist Wladiwostok wichtigster Punkt des Transithandels, welcher beispielsweise der Nordmandschurei an Feldfrüchten (meist Bohnen) entführte: 1906 — 1 200 000 Pud, 1910 — 17 900 000 Pud; 1911 erreichte die Gesamtwarenausfuhr der Mandschurei über Wladiwostok 26 700 000 Pud. Hierher verkehrten ferner im Jahre 1910 — 8600 chinesische und koreanische Dschunken, die 6 Mill. ein- und 1 Million ausbrachten. Diese vielsprachige Stadt

*) Die Zufuhr nach Nikolajewsk den Amur stromab betrug 1910 — 2 003 304 Pud, die Abfuhr stromauf 3 434 489 Pud. Vgl. die Tabellen bei P. F. Unterberger, Das Amurland 1906—1910. Sapiski der Kais. R. Geogr. Ges., Abt. Statistik, XIII. St. Petersburg 1912 (russ.).

im fernen Orient ist nicht allein Festung und wichtigste Garnison, nicht nur Kriegs- und Handelshafen, sondern ist erste Handelsstadt des gesamten Ostens und der Schlüssel zum Amurland, zukunftsfreudig vor allem wegen reicher Bodenschätze seiner Umgebung: Goldseifen bei der Stadt, die Jura-Kohlenlager von Mongugai an der Amurbucht, insbesondere die von Sutschansk, 48 km von der Nachodka- (Amerika-) Bucht entfernt, von wo die Krone an halbanthrazitischer und langflammiger Backkohle 12 Mill. Pud (nahezu die Hälfte der gesamten Kohlenerzeugung) auf den Markt warf; auf 5 Mill. Tonnen berechnete Magneteisensteinlager der Olgabucht sowie im Norden und Osten von Wladiwostok auf 640 Mill. Tonnen geschätzte Kohlenfelder harren noch regelrechter Ausbeutung.

Die fischförmige Insel Sachalin, eine durch junge Faltungen und Brüche geformte und vom Festland getrennte Scholle, Karafuto der Japaner, ward von diesen 1905 mit dem Schwert auf dem 50. Parallel in zwei Hälften zerhauen. So nahe dem bedeutungslosen Nikolajewsk und doch so fern aller Kultur und Zivilisation — wegen häufig unsichtiger Witterung, schwierigen Fahrwassers im Tartarensund und einer seltenen Hafenarmut. Russisch-Sachalin, das stark bewaldete Bergland, das Gold, Erze, Erdöl*), Holz und Kohie liefern könnte, ist ein Gebiet, welches noch nichts geliefert hat. Aus parallelen Ketten heben sich, getrennt durch eine meridionale Senke, das westliche und das östliche Hauptgebirge heraus (höchste Punkte 960 m und 2000 m). Die an beiden Flanken der Insel lagernden Steinkohlen (557 Mill. Tonnen) gehören vorzugsweise dem Tertiär an.**)

Amur- und Küstenland — und wenn man will, auch Sachalin — gehören von Natur zusammen und bilden eine

---

*) G. Behaghel, The oil fields of Saghalin and the concessions of the China Oil Company Ltd. Tientsin 1911.

**) Skizzen der Vorkommen fossiler Kohle im russischen Reich. Ausgabe des Geologischen Kommitees. St. Petersburg 1913 (russ.).

wirtschaftliche Einheit. Wie aber sollen wir das Kamtschatka-Gebiet erreichen? Verschmälert sich doch die Landmasse auf dem 55. Parallel plötzlich zu einem dünnen Stiel, und keinerlei Wege führen an den steil zum Ochotskischen Meer abfallenden Gebirgshängen entlang, die nur zu sehr dem Dach eines in den Wellen versunkenen Hauses gleichen!

Die geographische und gleichzeitig die politische Grenze läuft hier über Gebirge, hinter denen die Einöde der Provinz Jakutsk jedem ihrer Bewohner 13,6 qkm Raum darbietet. Wir lassen der Grenzlinie ihren alten Namen Stanowoi, denn jeder oberflächliche Versuch zur Klärung würde den Knoten herrschender Verwirrung nur noch höher schürzen. . . Jedenfalls ist die Wasserscheide zwischen Seja-Amur und Lena ein beiderseits von Randgebirgen gesäumter, 1300—1400 m hoher Plateaustreifen*); erst aus dem Gebirgslande Aldan erhebt sich weiter nordwärts der hohe First des Dschugdschur, und dem bei 2400 m Höhe mit ewigen Schnee bedeckten Gipfel Suantar-Chajata reihen die in äquatorialer Richtung ostwärts streichenden Kolyma-Berge sich an.

Was hilft es nun, daß archäische Küstenketten Gold des Ochotsker Reviers bis in arktische Regionen leiten (Ahlburg), wenn die soeben erwähnte große Sibirische Mauer als staunenerregendes Verkehrshindernis gewaltige Hinterländer geradezu hermetisch vom Ozean abschließt? Es besteht die ungeheuerliche Tatsache, daß der größere, nördliche Teil des Ostens (1 295 100 qkm, 36 qkm fallen im Kamtschatka-Gebiet auf den Kopf der Bevölkerung!) vom südlichen lediglich zu Schiff erreicht werden kann!

Als Insel ist daher auch, trotz aller funkentelegraphischen Verbindung mit Wladiwostok, die hafenarme Halbinsel Kamtschatka zu betrachten, die erst 725 km südwärts vom Polarkreis dem Festland entwächst und mit ihrer Südspitze auf der Breite Brüssels endigt; über dem Sockel alter Gesteine

*) L. Berg, Versuch einer Einteilung Sibiriens und Turkestans in Landschafts- und morphologische Gebiete. Anutschin-Festschrift, S. 117ff., Moskau 1913 (russ.).

bauen zwei Gebirge sich auf, besetzt mit Alpenhöhen überragenden Vulkanen; der kurze kühle Sommer des Ochotskischen Meeres verhindert jegliche Sicherheit ständigen Ackerbaus. — Weiter im Norden endlich erscheint die Tschuktschenhalbinsel an dem Anadyrgebirge befestigt, ein niedriges Bergland (400—600 m), von zwei WNW streichenden Rücken durchzogen, nur an einer Stelle vom 2800 m hohen Matitschingai überschattet.

So sind im Osten die Getreideanbauflächen gering, beschränkt auf Ebenen der beiden Ströme; viel bedeutender in ihrer Größe ist die Waldfläche, die allerdings jenseits vom 55. Breitenkreise ungemein schnell abnimmt; ferner verfügt die Südhälfte über höchst ausgedehnte Kohlenlager; auch dürfte es wahrscheinlich sein, daß andere, bis in den äußersten Norden und Nordosten verbreitete Bodenschätze in Zukunft noch viel von sich reden machen werden. Den großen, wirklichen Schatz liefert aber im Osten trotz kalter, stürmischer Natur mit seinem üppigen Pflanzen- und Tierleben das Meer in Gestalt wertvollster, daher auf dem Weltmarkt immer willkommener Fische. Die wahre Wirtschaftsfläche des Ostens mit seiner starken Küstengliederung und gewaltigen Küstenausdehnung ist und bleibt doch der Pazifik!

Die Mitte: Gouv. Jenisseisk (Jenisseiland), Gouv. Irkutsk (Angara-Lenaland), Geb. Jakutsk (Lena-Dreistromland), Geb. Transbaikalien, zusammen 7755660 qkm. Landfläche, 2862400 Menschen.

Jede Verwaltungseinheit Mittel-Sibiriens trägt ihre eigenen geographischen Züge. Der wichtigste Teil Transbaikaliens ist abwechslungsreiches Bergland. Obrutscheff*) teilt es in baikalisches und nertschinskisches Daurien, indem er den alten Namen der Sibirienforscher wieder zu Ehren bringt.

Hier sind vom alten Rumpf nur noch Scherben übrig

*) W. A. Obrutscheff, Orographie u. Tektonik Transbaikaliens. VII. Intern. Geographenkongress, Berlin 1899; Derselbe, Orographie u. geologische Skizze des südwestlichen Transbaikaliens, I, St. Petersburg 1914 (russ.).

— schmale, meist WSW—ONO gerichtete Horste mit den entsprechenden Gräben. Wo Ergußgesteine an Bruchrändern aufquollen, entstanden Erze, wo Sedimente in Gräben abgelagert wurden, bildeten sich Kohlen. Abgerundete, bewaldete Rücken von Mittelgebirgscharakter (der Sochondo erscheint mit seinen 2800 m als Ausnahme) wechseln mit breiten Wiesentälern, deren Hänge Steppenkleidung tragen. Es gibt zwei Schwarzerde - Hochsteppengebiete (über 500 m): Selengaland und Ingoda-Onon-Argunland, die durch das Malchangebirge getrennt werden, welches landeinwärts in den Jablonnoi übergeht. Daurien zeigt eine ganz ungewohnte Mannigfaltigkeit und für Sibirien geradezu kleinliche Verhältnisse. Kohlen finden sich an manchen Stellen (meist Jura-Braunkohlen, insgesamt 190 Mill. Tonnen, Förderung 1912: 7—8 Mill. Pud), desgleichen Eisenerze, Gold; berühmt sind die mit dem Namen Nertschinsk verknüpften, von der Krone ausgebeuteten Silber - Bleierz- und Zinnober-Vorkommen. — Im Gebiet, in dem der Amur wurzelt, zeigt sibirisches Kontinentalklima seine stärksten Ausschläge:*)

	Mittl. Temperaturen			Mittlere Niederschlagshöhen cm			
	Jahres-	Juli-	Januar-	Jahres-	Juli-August-	Vegetationszeit- (Mai-September)	Winter-
Nertschinsky Sawod .	— 3,4	18,8	— 29,1	40.2	21,8	35,4	4,8
Stretensk	— 4,2	19,7	— 31,9	31,8	16,95	27,3	4,5

Dem Amerikaner Kennan**) erscheint zwar gelegentlich einer Herbstfahrt das Selengatal wärmer und fruchtbarer als irgend ein anderer Teil Transbaikaliens; aber im Winter herrscht bei Quecksilbergefrierfrösten längstes und strengstes Eisregiment, und vielfach kein Schnee! Wer dann Lasten mit Schlitten befördern will, ist völlig an die eisglänzenden Flußläufe gebunden, über die der Burjäte seine Karawanen hochbeiniger, hochbepackter Kamele treibt.

---

*) I. Krascheninnikoff, Zur Charakteristik der Landschaft des östlichen Transbaikaliens. Semlewedenije 1913, Heft 1—2, S. 124—125 (russ.).

**) „Sibirien".

Vom Abbruch*) des Jablonnoi im Osten bis zum Baikalischen Küstengebirge im Westen (Primorsky Chrebet) erstreckt sich das Baikal-Goldland; es enthält als Kern das zwischen Senkungsfeldern liegende Witimplateau, meist 1000 bis 1350 m hoch (Berg). Unmittelbar daran schließt das Witim-Olekma-Goldland, von dessen „ewig gefrorenen" Seifen mehr als ein Dritteil sibirischer Golderzeugung herrührt. Bodaibo, der wichtigste Punkt dieser „Lena-Goldfelder" wird durch eine geplante Bahnlinie auf 1250 km an Irkutsk herangerückt werden. Bekannt ist das Patom-Hochland durch Kropotkins denkwürdige Reise.**) Auch hier handelt es sich um gehobene Abtragungsfläche von 800—1050 m Meereshöhe. Keine Gebirge, Piks, scharfe Grate***), sondern abgerundete, sanfte Formen der Wasserscheiden und Golzy (Glatzköpfe)! Bei der Zerschneidung herausgearbeitete Härtlinge wie Purpola, Teptorgo, Kangl, Pastynolak und Longdor (1953 m) durchstoßen die zusammenhängende Wald- und Moordecke, doch reicht ihre Höhe für heutige Gletscherbildung nicht mehr aus. Auch hier also ist der alte Rumpf durch gewaltige Brüche, Hebungen und Senkungen zerteilt und wieder zusammengesetzt, aber doch in allen Abmessungen großartiger als in Daurien. Nördlichere Lage und größere absolute Höhe machen das Klima rauher, die Natur einförmiger.

Der sanft halbmondförmig gekrümmte Baikal (größte Länge 654, größte Breite 74 km) wird gebildet durch zwei parallele Grabensenken, welche Ausläufer des Bragusingebirges und die Insel Olchon voneinander trennen; seine Oberfläche liegt 462 m hoch, sein tiefster Punkt reicht 1313 m unter den Meerespiegel****). Von den einmündenden Flüssen ist nur

*) W. A. Obrutscheff, Geologische Uebersicht der goldführenden Gebiete Sibiriens. I, S. 9. St. Petersburg 1911 (russ.).

**) P. Kropotkin und I. Poljakoff, Bericht über die Olekma-Witim-Expedition. Sapiski der Kais. R. Geogr. Ges. III, St. Petersburg 1873 (russ.).

***) A. Meister, Geologische Untersuchungen am Ostrand des Lena-Goldgebietes 1907—1908. St. Petersburg (russ.).

****) Drischenko, Segelhandbuch und physisch-geographische Skizze des Baikalsees. St. Petersburg 1908 (russ.).

die Selenga einigermaßen weit aufwärts schiffbar, und von den drei Siedlungspunkten seiner Umgebung (Irkutsk, Bargusin und Werchneudinsk) liegt keiner unmittelbar an seinen Ufern. Obwohl der Südrand stärker bewohnt erscheint, blieben doch 60 % der Länge seiner Küstenlinie völlig unbesiedelt. Hier gibt es keine „lachenden Auen", keine fruchtbaren Anbauflächen in der rauhen, felsigen Natur umrahmender Gebirge. Darum wird der Baikal trotz ansehnlicher Größe von 34 140 qkm wohl nie zur zentralen Verkehrsfläche, obwohl seine Lage im Raume dies fordert, sondern bleibt nur wichtiges Fischgewässer.

Als stärkster Gegensatz zum hohen Baikalischen Schild liegt im Westen des Sees die an Stelle einer abgesunkenen Rumpfscholle mit älteren Ablagerungen erfüllte niedrige Bucht von Irkutsk. Sie trägt in sich das Doppelbecken zweier nebeneinander gelagerter Jura-Kohlenmulden, welche die Sibirische Bahn durchquert, ein Kohlenland von 500 km größter Länge bei 133 km größter Breite mit einem 150 Millarden-Tonnen-Vorrat (Kokskohle bis Braunkohle). Die ältesten Gruben liegen 127 km westwärts von Irkutsk an der Bahnstation Tscheremchoff, inmitten einer auf Lös ruhenden Schwarzerde-Wiesensteppe, die sich als zusammenhängende Getreide-Anbaufläche von 4—500 m Höhe nach Nordwesten über den Kreis Balagansk erstreckt. Die zur Kohle gehörenden Eisenerzlager*) (4 Millionen Tonnen mit 49—50 %) finden sich allerdings weiter entfernt an beiden Seiten der Angara um Bratsky Ostrog im Kreise Nischneudinsk mit dem alten Hüttenwerk Nikolajewsky Sawod, das der Krieg 1914 zu neuem Leben erweckt hat.

Sechzig Kilometer vom Baikalsee breitet an der wasserreichen, schnellen Angara Irkutsk sich hin, die Stadt, die ja solange als aristokratische Metropole Sibiriens geherrscht hat. Ihr und den anderen Städten Sibiriens, widmete der greise Asienforscher Potanin**) eine geistreiche, auch geo-

---

*) K. Bogdanowitsch, Materialien zur Geologie und nutzbaren Fossilien des Gouv. Irkutsk. St. Petersburg 1896 (russ.).
**) Vgl. das S. 1 genannte Sammelwerk.

graphisch höchst interessante Betrachtung. Als baikalisches Element ist Irkutsk reich geworden durch seinen Handel mit kostbarsten Erzeugnissen — Gold, Rauchwaren und Tee. Ein großes Verwaltungszentrum von höchster politischer Bedeutung (die Nähe Chinas!), hatte es hervorragende Männer zu Gouverneuren, welche die geistige Arbeit verbannter Dekabristen und Polen der Bevölkerung zu gute kommen ließen. Irkutsk war sich seiner Tradition bewußt, unterhielt ein treffliches Theater, besaß eine Art wissenschaftlicher Akademie im Museum der Geographischen Gesellschaft, und seine Mäzene gaben reiche Mittel für Schul- und Bildungszwecke her.

Als südliche, zugleich geographische und politische Grenze der Irkutsker Bucht walten höchste Teile eines Gebirgslandes, das als Ostsajan mit seinen Mauern und Kulissen weit nordwestwärts sich vorschiebt. An die Tunkinskije Belki (Tunka-Alpen, mit dem 3490 m hohen, Flecke echter Gletscher tragenden Munku Sardyk) reihen die Kitoiskije Golzy (ohne Eis und Firn) sich an. Hier ist die Goldgewinnung unbedeutend. Es folgen dann die als „Belogorje“ (= Weißberge) bezeichneten Bergzüge*):

	Kammhöhe m	höchster Punkt m
1. Idarskoje B.		
rechtes Kanufer	1382	1665
linkes	1452	1705
2. Bolschoje B.	1416	1743
3. Manskoje B.	1570	1800
4. Kanskoje B.	?	1988

Diese, fälschlich Alpen genannten Gebirge tragen nicht ewigen, sondern Dauerschnee, der wohl jahrelang liegen mag. Die niedrigsten Ausläufer enden im Krassorojarsker Goldrevier, das der Jenissei mit malerischem Felsental durchbricht (Ahlburg). Ein anderes, vom ersten nicht zu trennendes Goldgebiet verkörpern die benachbarten, nordostwärts gerichteten Gebirge des Westsajan, mit dem hoch emporragenden,

*) W. A. Obrutscheff, Geologischer Ueberblick der goldführenden Gebiete Sibiriens, II. Mittel-Sibirien. St. Petersburg 1911 (russ.).

durch die Quellflüsse des Jenissei quer- und längsgefurchten Jergik-Targak-Taiga. Diese Hauptkette teilt sich im Quellgebiet des Uss in einen nördlichen — Jergaki oder Mirskoj Chrebet (2000 m hoch, Paßhöhe 1500—1700 m) und einen südlichen Zweig — Jergik oder Targok oder Kurtuschubinsky Chrebet (2300—2400 m hoch, Paßhöhe 1800—1900 m). So das aus „Wurzeln von Falten, geglättet durch ganze Perioden überdauernde Denudation" (Obrutscheff), aufgebaute Sajanische Goldland mit seinen bloßgelegten Tiefengesteinen inmitten der der durch Gebirgsdruck veränderten Sedimente. Von wilden, feuchten Urwäldern überzogen, aus denen die hier „Taskyl" genannten Golzy hervorragen, ist es ebensowenig besiedelt wie die Goldländer jenseits des Baikal. Und die in Seifen lagernden wie in der Kluft anstehenden Goldschätze können nicht gehoben werden: es fehlt an Maschinen; da es keine Verkehrswege gibt, geht die Golderzeugung andauernd zurück.

Beide Sajane werden durchsetzt — am Uss, am Bei-Khem und Ulu-Khem im Uranchailand — und umgeben von Senken, die mit nicht druckveränderten Sedimenten (Devon, darüber Karbon und Perm) erfüllt sind. Infolge ihrer niedrigen Lage erhalten die Senken weniger Niederschläge als die Höhen, und Böden und Pflanzenwelt der Steppe treten an Stelle der Gebirgswälder. Ein breites Steppenband umgibt den Ostsajan von Norden her; es endet, umschlossen von beiden Sajanen sowie Kusnetzky Alatau, in der Sackgasse von Minussinsk. Hier waltet bei 4—500 m Meereshöhe der Vorzug der südlichen Lage, des großen Stromes. Wohl gibt es ansehnliche Salzseen, und es fehlt in dem stark zerschnittenen Gebiet nicht an hügeligen Gegenden mit steinigen Böden, von den starke Winde im Winter die Schneedecke, im Sommer die Ackerkrume fortblasen*) — und doch ist's Getreideland mit Zuckerrübenklima und Bodenschätzen.

---

*) N. W. Smirnoff, Die Vegetation der Länder des Verwaltungsbezirks Abakan. Uebersiedlungsbehörde der Hauptverwaltung für Landeinrichtung und Landwirtschaft. St. Petersburg 1910 (russ.).

Wir haben bei Minussinsk am Jenissei eine permische Kohlenmulde von 17 Millonen Tonnen, dazu 3 Millionen Tonnen Magneteisenerz am Abakan-Hüttenwerk, 150 km den gleichnamigen Fluß stromauf, endlich im Irba-Revier an der Tuba ein Eisenerzlager von 8 Millionen Tonnen. Inmitten dieser künftigen Industriefläche wird die Stadt Minussinsk im Mündungsbereich von Abakan und Tuba zum Zentrum, ist indes bisher schon wichtigster Punkt russischen Handels nach der Mongolei gewesen und in seiner Bedeutung noch recht gewachsen, seitdem 1913 das höchst wertvolle Uranchailand in aller Stille dem russischen Reich angegliedert ward. Aus der Minussinsker Senke führen nordwärts zwei Straßen ins Freie, das Tal des Jenissei und dasjenige des Tschulym. Ueberschreiten wir in letzterem die sibirische Bahn, so stehen wir an der zwischen Atschinsk und Krassnojarsk sich hinziehenden elliptischen Tschulym-Urjuper Braunkohlen-Mulde, die allerdings schon der Tertiär-Landschaft angehört, daher geographisch West-Sibirien zuzusprechen ist.

Als nördliche Fortsetzung des Ostsajan muß das Jenissei-Goldland gelten (Berg, Ahlburg). Im gleichen SO-NW-Streichen liegen hier das Trockene (Suchoi Chrebet), das Pit- und das Jenissei-Gebirge bei einander, letzteres mit sehr verschiedener Breite (40—200 km), das im Westen etwa 100 m tief zum Jenissei abfällt, im Osten sich bis 300 m über dessen Spiegel erhebt. Die spindelförmige Horstbildung des Jenissei-Rückens wird oberhalb der „Siebenzig Inseln" vom Jenissei durchbrochen. Westlich vom Strom verschwindet sie am oberen Tas in der Ebene unter Aufschüttungsgebilden der glazialen Epoche.

Nun haben wir den großen Urgebirgsbogen geschlossen, dessen an der Oberfläche lagernden praekambrischen Gesteinen Sibirien seine reichsten Goldvorräte verdankt, und wir treten ein in die Mittelsibirische Tafel, deren Bildung und Entwicklungsgeschichte abbauwürdiges Goldvorkommen ausschließt. Vom Jenissei bis an den Dschugdschur spannt sie sich, von den Chatanga-, Anabar- und Olenek-Tundren bis zur hohen Wand der Tunka-Alpen, bis an den Baikal und die steilen Ränder der einzelnen Hochlandschollen. Ihr größter Durchmesser beträgt, auf dem 60 Parallel abgezirkelt, 2400 km. Die aus Kambrium und Silur aufgebaute Tafel ist im oberen Lenagebiet mit dem 300 m tief eingeschnittenen uralten Strombett 4—500 m hoch. Sie hält sich in 300—700 m Höhe bis auf einzelne, aus dem Tafelland herauserodierte Gebirgszüge, die 1000 m und mehr erreichen. Die große Einförmigkeit der so unproduktiven Fläche wird durch stellenweise weitausgedehnte Lavadecken (Diabas und andere Gesteine = „Trapp" d. russ. Geologen) unterbrochen. Allerdings dürfte wirtschaftliche Bedeutungslosigkeit in dem so wenig erforschten Riesengebiet ebenso unwahrscheinlich sein, wie die Einfachheit von Bau und Oberflächengestaltung. Denn es fehlt nicht an Kohlenlagern, deren Flötze durch Flüsse in prachtvollen Profilen angeschnitten sind, und diese bleiben keineswegs auf den Bereich der Tafelränder beschränkt. Einen Gegensatz zur palaeozoischen Tafel finden wir dann noch im äußersten Hochnorden, ein Seitenstück zum baikalischen Schild. Der Taimyrische Schild ist, wie wir aus Freiherrn von Tolls Tagebüchern wissen, eine durch Rundhöcker charakterisierte Urgebirgslandschaft glazialer Erosion mit dem aus Meerestransgressionen hervorgegangenen typischen Schärenkranz der Küste.

Zwischen Schild und Tafel breitet über horizontalen mesozoischen, stellenweise von Lavadecken überzogenen Sedimenten ein Flachland glazialer Akkumulation sich aus. Hierher gehört das untere Jenisseiland mit Lagern echter Steinkohlen*) und Kupfererzvorkommen. Die beiden, so sehr verschiedenen Landschaften werden von Berg nicht richtig unter dem Namen „Nordsibirische Tiefebene" vereinigt. Tatsächlich liegt in ihr, in einem Kessel, die Stadt Jakutsk, der

*) Skizzen der Vorkommen fossiler Kohle im russischen Reich. Ausgabe des Geol. Kommitees. St. Petersburg 1913 (russ.). Die östlich von Dudino im Tagebau gewonnenen Kohlen sollen mehrfach den Zwecken der hydrographischen Expeditionen des Obersten Wilkizky gedient haben.

letzte Endpunkt äußerer Zivilisation. Von hier beträgt die Entfernung nach Irkutsk (von der im Sommer der größte Teil zu Wasser zurückgelegt wird) auf dem „Irkutsky Trakt“ 2953 km; der Ochotsky Trakt — Jakutsk-Ochotsk — zählt 1094 km, die Strecke Jakutsk-Werchojansk-Nischnekolymsk 3710 km.

Jakutsk ist Zentrum eines Handels, der auf der Lena nord- und südwärts, am Wilui nach Westen und am Aldan nach Osten reicht, um schließlich noch die Werchojansker Höhen zu überwinden. Uebrigens spielt die Stadt, deren Kaufleute zur Hälfte Jakuten sind, die Rolle eines geistigen Mittelpunkts („Jakutischer Klub“) und einer Hauptpflegestätte jakutischer Sprache, welche die Jakutisierung russischer Bauern mit Sicherheit besorgt.

Wahrscheinlich ist es in der ultima Thule Sibiriens die am wenigsten erforschte Fläche, welche hinter dem hohen Werjochansker Gebirgsbogen und den Kolyma-Bergen ungekannt von der Welt hindämmert. Das Dreistromland der Flüsse Jana, Indigirka und Kolyma liefert dem Weltmarkt Pelzwerk und Mammutelfenbein (von den Neusibirischen Inseln), es braucht für seine spärliche Bevölkerung vor allem Getreide, ferner Jagd- und Fangbedarf, Tee, Zucker, Tabak.

Die abschließende Wirkung der großen Sibirischen Mauer und ihres Werchojansker Seitenflügels auf den Verkehr war bis jetzt nahezu vollkommen. Sie kann nicht besser beleuchtet werden als durch die von allen russischen Reisenden mehr oder weniger stark bedauerte völlige Jakutisierung der an den Strommündungen sitzenden russischen Fischerbevölkerung, auch der Kosaken, jener „Nachkommen der Eroberer Sibiriens“.*)

Wenn im Dreistromland der Mensch mit seinem Haustier Hund jahraus jahrein statt des Brotes kostbare Fischnahrung genießt, so ist das Hauptproblem gegeben. Es heißt, die wertvollen Eiweißstoffe delikater Fische auf dem Weltmarkt gegen Kohlenhydrate eintauschen, die irgendeine Kornkammer

*) E. F. Skworzoff, Die Lena-Kolyma-Expedition des Jahres 1909. Iswestija der Kais. R. Geogr. Ges. L., H. 7, 1914 (russ.).

zu liefern hat. Zu Lande kann diese Frage nicht gelöst werden, solange die Fracht von Irkutsk nach Srednekolymsk $6^1/_2$—8 Rubel, nach Nischnekolymsk 10 Rubel und von Ola, einem vorzüglichen Naturhafen des Ochotskischen Meeres, nach Srednekolymsk $4^1/_4$ Rubel das Pud (= 16,38 kg) kostet. Dagegen wurde jüngst die Möglichkeit, von Wladiwostok nach Kolyma zu befördern, nicht allein durch russische Vermessungsschiffe, sondern auch durch die Dampfer der „Russ. Freiwilligen Flotte"*) vollauf erwiesen, obwohl amerikanische Schoner den Beweis schon längst erbracht hatten!

Ein Rückblick auf Mittel-Sibirien zeigt, daß wir jenseits des Baikal zwei getrennte Flecken und diesseits vom See den von Irkutsk über Kansk, Krassnojarsk nach Minussinsk um die Sajane gewundenen Streifen als günstig für Ernährung und Beschäftigung größerer Menschenhaufen ansehen können. Im Grunde genommen sind es doch nicht allzu geräumige, an die südlichen Kulissen unseres Schauplatzes gedrückte Inseln innerhalb einer einzigen gewaltigen, allmählich nach Norden zum Eismeer abfallenden Hochfläche. Als winzige Pünktchen erscheinen die kleinen Siedlungen der Goldländer weit zerstreut über einen Teil der Mitte. Diese leidet vor allem an ihrer übergroßen Nord-Süd-Ausdehnung. Im europäischen Rußland zählen wir an der Westseite des Urals zwischen Nordrand der Schwarzerde und Eismeerküste (Jugor-Schar) — 14, auf dem Meridian von Kap Tscheljuskin in Mittel-Sibirien zwischen entsprechenden Punkten mehr als — 24 Breitengrade! Bis an den 70. Parallel erfüllt den Raum unermeßliches Baum- und Moorgelände: Lärchentaiga über Eisboden.

Wenn Supan (Grundzüge Physik. Erdkunde 1916) Sibirien für das größte Verbreitungsgebiet des Lehmes erklärt, so doch wohl kaum Mittel-Sibirien, welches lediglich über

*) S. Wostrotin, Zur Frage des Nördlichen Seewegs. Sibirisches Jahrbuch für Handel und Industrie, 1913 (russ.). Beispiel der Reise des Dampfers „Kolyma" 1911: Abfahrt Wladiwostok 29. VII., Ankunft Kolymamündung 25. VIII., Abfahrt von dort 1. IX., Ankunft Wladiwostok 29. IX.

Teilen der heutigen Tundra glaziale Vereisung erlitt. Noch letzthin wurde die minimale örtliche Vergletscherung im Witim-Olekma-Goldland besonders betont.*) Es gab deshalb ganz geringe glaziale Sortierung der Muttergesteine fruchtbarer Böden. Gar spärlich wurden Geschiebelehm und Lös verteilt. Glinkas, S. 29 erwähnte Bodenkarte, zeigt für einen Teil Mittel-Sibiriens podsolige Böden auf vorwiegend harten Gesteinen an. Der andere, sehr große Teil fällt schon in seine Zone der Tundraböden, was allerdings übertrieben sein dürfte.

Bei ihrem Mangel an „Böden" leidet die Mitte zudem an der Ungunst ihres Winterklimas, das mit seiner trocknen Luft vom Menschen an windstillen Tagen wohl ganz gut ertragen werden kann. Wir haben es hier mit einem Gebiet hohen Luftdrucks zu tun, und die Kälte des Winters staut sich in Kesseln, Mulden, auf bergumringten Plateaus. Nur von den über 1000 m hoch gelegenen Flächen kann sie nach Osten zum Ochotskischen Meer abfließen, wohin das Gefälle sie reißt.**) Die Folge langandauernder Kälte bei schneearmem Winter ist der „ewiggefrorene Boden" — die „Merslotá" der Russen. Ueber Eisboden pflegen im Sommer nach Regen auf Talsohlen Quellungserscheinungen aufzutreten, welche den Verkehr mit den üblichen Saumtieren sehr erschweren. In den im Winter von Frostnebeln erfüllten Bach- und Flußtälern entstehen auch jene, den Sommer nicht selten überdauernden Aufeisbildungen, die der Jakute „Taryn", der Russe „Náledj" ***) nennt. Auch sie wirken im Sommer als Verkehrshindernisse. Außerdem lassen es derartige Folgen von Dauerfrösten höchst zweifelhaft erscheinen, ob man einmal in Zukunft die in den

---

*) A. K. Meister, Das östliche Grenzgebiet des Lena-Goldbezirks. St. Petersburg 1914 (russ.).

**) Wojeikoff, Klima von Ostsibirien. Meteor. Ztschr., 1900.

***) S. A. Podjakonoff, Die Aufeisbildungen Ost-Sibiriens und die Ursachen ihrer Entstehung. Iswestija der Kais. R. Geogr. Ges. XXXIX, 1903 (russ.).

Gebirgen zahlreichen Wasserkräfte auch in größerem Maßstab wird verwenden können.

Wie das von eisigen mittelsibirischen Luftströmungen unterkühlte Seja-Goldland des Ostens dürfte auch ein großer Teil der Mitte dem subpolaren Finnland zu vergleichen sein. Immerhin könnte er landwirtschaftlich durch bestimmte Methoden der Be- und Entwässerung, des Grasbaus, überhaupt der Viehwirtschaft ausgenutzt werden*) — Methoden, die dem Finnländer und dem Jakuten abgelernt werden müßten.

Ungünstig sind schließlich von der Natur die großen Ströme der Mitte, Jenissei und Lena an die Ränder der Tafel verlegt; da die beiderseitigen Zuflüsse ihre Betten bisher noch nicht tief genug einzugraben vermochten, kann das Innere der Tafel mit Hilfe natürlicher Wasseradern im sommerlichen Verkehr nicht erschlossen werden.

Der Westen: Gouv. Tobolsk (Irtysch-Obland), Gouv. Tomsk (Altailand), Geb. Akmolinsk und Gebiet Semipalatinsk (Kirgisensteppe), zusammen 3 267 610 qkm Landfläche, 7 966 480 Menschen.

Die östliche Grenze läuft am Kusnetzky Alatau, der aus einzelnen Massiven und kurzen Rücken zusammengesetzt ist, die im mittleren und südlichen Teil Höhen über 3000 m mit ewigem Schnee tragen; ein gewisser Reichtum an Seen zeugt von ehemaliger Vergletscherung. Ungemein starke Bloßlegung der Tiefengesteine infolge andauernder Abtragung machte das mit Wäldern und Mooren bedeckte Gebirgsland an Goldseifen und Goldadern reicher als andere Teile des Altai; an Menschen ist es arm. — Der bewaldete Gebirgsrücken Salair zeigt einfache, an die Uralberge erinnernde Formen**); seine Goldseifen sind noch keineswegs erschöpft. Der eigentliche Altai erscheint weder reich an Seifen (die meisten um den tiefen Telezker Gebirgsee gelegen) noch an

---

*) Richard Pohle, Die Probleme des Nordens. „Deutsche Rundschau" 15. Oktober 1918.

**) W. A. Obrutscheff, Geologische Uebersicht der goldführenden Gebiete Sibiriens. I. West-Sibirien. St. Petersburg 1911 (russ.).

Kluftvorkommen. Daran dürften schließlich nicht so sehr die heutige als die ehemalige Vergletscherung mit ihren Schuttanhäufungen und ferner die jetzige Art der Abtragung dieses Schuttes schuld sein. Wichtig sind indes Diorite und Diabase (Ahlburg), mit ihren Kontaktlagern von Magneteisenerz, den Kupfer- und Blei-Silber-Erzlagerstätten (letztere mit Gold als Begleiter), welche berühmte Namen, wie z. B. Smeinogorsk und Riddersk tragen. — Auch die Goldseifen des Süd-Altaibezirkes sind wenig ergiebig; dagegen kann die Berggold-Ausbeute gesteigert werden. Hierher gehören nach Obrutscheff das Narym-Gebirge und die südlich gelegenen Berge Sarytau sowie das durch den Irtysch getrennte Kalbinsky-Gebirge, erstere beiden als Glieder des Mongolischen, letzteres als Glied des Russischen Altai.

Die gesamte Gebirgslandschaft, mit ihren fächerförmig in die Ebene ausstrahlenden Zweigen fassen wir als Altai-Goldland zusammen, das über große Holzvorräte in seinen Wäldern und gute Viehplätze auf seinen Alpenweiden gebietet. Die Walddecke ist zugleich Regen- und Schneefänger; durch die Schnee- und Eisvorräte der Alpengletscher des Hochaltai ist ferner dafür gesorgt, daß der Ob im Sommer nicht seicht wird, sondern im Gegenteil Hochwasser führt. Zwischen Salair, Hoch- und Südaltai öffnet sich nach Westen, nach Barnaul hin zum Ob das steppige Altai-Getreideland, zwischen Salair und Kusnezky Alatau nach Norden über Kusnezk zum Ob und zur Sibirischen Bahn das waldige Altai-Kohlenland.*)

Das trotz seiner Jugend berühmte Kusnezker Kohlenrevier**) ruht in einer Synklinale über Devon und Karbon. Die

---

*) Diese Art der Bezeichnung entspricht der sibirischen Auffassung, welche im Altai nicht nur den Gebirgsklumpen, sondern auch den umgebenden Ebenen-Sockel sieht.

**) Derschawin, Ueber das Kusnezker Kohlenbecken. St. Petersburg 1896 (russ.). Ferner die Aufsätze von Derschawin und Krassnopolsky in „Skizze des Vorkommens fossiler Kohle im russichen Reich. Ausgabe des Geol. Kommitees. St. Petersburg 1913 (russ.) Im Westen des Salair lagert magere anthrazitische Kohle am Flusse Berd (60 qkm, 600000 Tonnen) unter gleichen Verhältnissen wie um Kusnezk.

nutzbare Fläche von 15 000 qkm ist in gleicher Richtung des hindurchfließenden Tom und des NW — SO streichenden Salair gelegen. Mit seinen 12,5 Milliarden Tonnen (fette Backkohle bis magere Sandkohle) wird es von russischen Fachleuten dem Donetz-Revier an die Seite gestellt. Seine unmittelbare Fortsetzung bildet der Kohlenbezirk von Sudschenka, den die Sibirische Bahn schneidet. Koltschugino, Botschatsk und Kemerowo heißen die reichsten Gruben. Seit eine Gesellschaft die Ausnutzung 1912 von der Regierung übernahm, stieg die Förderung 1915 auf 4,5 Mill. Pud, 1916 auf 12,5 Mill. Pud; sie sollte 1917 24—25 Mill. Pud betragen. Die Gesellschaft hat auch die 55 km südwärts von Kusnezk im Fels des Gebirges gewachsenen Magneteisen-Stöcke von Tellbess (Millarden von Tonnen)*) übernommen, wo sie 1918 15 Mill. Pud Roheisen zu erschmelzen verpflichtet war. Die Kohlenbahn Jurga-Koltschugino ist fertig, der Bau einer 268 km langen Fortsetzung über Kusnezk nach Telbess stand auf dem Plan.

In glänzender Vorgebirgslage gegenüber der westsibirischen Ebene, mit dem Gebirgspfeiler im Rücken und an ihn sich lehnend liegt Tomsk da — leider am allzu seichtem Tom und 80 km von der Station Taiga, an einem Kurztrieb der Großen Bahn. (Diese Verkehrshemmnisse zu beseitigen hielt man nicht für notwendig!) War der Irkutsker Kaufmann ein Handelsherr über teure Waren, so ist der Bürger von Tomsk Händler in billigen Häuten, Talg, Wolle, Borsten, „Prassol“, wie die verächtliche Bezeichnung lautet. Seit 1887 Universitätsstadt, und seit 1890 im Besitze eines Technologischen Instituts ward Tomsk dadurch nolens volens zum geistigen Zentrum, doch fehlt ihm die Patina, der aristokratische Zug, der Irkutsk eignet (Potanin).

Seinen Gebirgscharakter nur zum Teil gerettet hat sich das unter dünner Hülle der Kirgisensteppe verborgene „Kirgisische Faltenland“, ein Mittelding zwischen Bergland und

---

*) S. Popoff, Sibiriens Aussichten in der Industrie. Handels- und Industrie-Zeitung 1913 (russ.).

Fastebene (Berg). Ehemalige Faltengebirge wurden zerschnitten, abgetragen, in Gruppen niedriger Hügel und Rücken mit flachen Hängen verwandelt. Oertliche russische Landschaftsbezeichnung: Melkosòpotschnik (mèlko = klein, sòpka = Berg). Niedrige Gebirge finden sich im Geb. Semipalatinsk, z. B. Granitmassiv Kisil-Rai südlich Karkaralinsk, 1470 m. Im Geb. Akmolinsk tritt bei 300 m mittlerer Höhe Ebenencharakter ein. Aus dem noch sehr verworrenen geologisch-morphologischen Bilde treten in erster Linie Steinkohlenlager in großer Zahl hervor, zum Teil von Tertiär überdeckt. Unter denselben Umständen wie im Kusnezker Revier entstanden, ward allerdings die Lagerung später vielfach gestört. Vorräte unbekannt! Zahlreiche Vorkommen westlich längs des Irtysch im Kr. Pawlodar, darunter die durch 116 km lange Bahn mit dem Stròm verbundene Mulde von Eki-Bas-Tus (ergab 1900—1903 2—4 Millionen Pud, seitdem auflässig). Im Kreise Akmolinsk liegen an der Ostgrenze die wichtigen Karaganda-Gruben, durch 32 km Bahnlänge an das Hüttenwerk Spassky Sawod gebunden, das ihnen seit 1910 jährlich mehr als 2,5 Millionen Pud abnimmt. — Eisenerze (7 Millionen Tonnen) bieten unter anderen die Erzberge Togai und Ken Tübe, 57 km von Karkaralinsk und 75 km von der nächsten Kokskohlen-Lagerstätte Kuu-Tscheku entfernt. — Gold findet sich nur in Gestalt eines Fleckchens in einem, 64 km südöstlich von Koktschetaw gelegenen, stark zerschnittenen Granit-Syenit-Massiv (Obrutscheff). — Zahlreiche Bloßstellen an Eruptivsgesteinen brachten reiche Erzvorkommnisse an die Oberfläche. Nach Pechtereff*) läßt sich folgende Tabelle zusammenstellen:

Kreis	Silber-Blei-Erzgruben	Kupfergruben
Pawlodar	8	25
Karkaraly	1	40

Indes werden die größten Kupfermengen vom Spassky

*) Aus dem Sammelwerk: Das Gebiet der Eisenbahn Petropawlowsk-Spassky Sawod in wirtschaftlicher Beziehung. Ministerium der Verkehrswege. St. Petersburg 1912 (russ.).

Sawod im Kreise Akmolinsk aus 16% Cu-Erzen gewonnen. Nach Popoff gelten folgende Zahlen (Pud) für Kupfererzeugung der drei wichtigsten Gebiete im russischen Reich:

	1907	1908	1909	1910	1911
Uralien	457 900	522 500	530 700	656 700	784 900
Kaukasien	310 200	298 200	391 200	410 700	500 000
Sibirien	68 900	155 000	156 000	200 000	230 000

Davon erzeugte Spassky Sawod*) (Pud):

1906	35 000	1909	106 000
1907	52 000	1910	155 000
1908	97 000	1911	200 000

und wollte die Erzeugung weiterhin auf 360 000 Pud steigern.

Von den Kirgisischen Gebirgen dacht das Land beiderseits ab, südwärts nach den heißen Sanden der Hungersteppe, nach Norden hin sehr allmählich zu den eisigen Gefilden von Jamal. Am Rand der krystallinen Gesteine beginnt auf der gebrochenen Linie Kustanai-Koktschetaw-Semipalatinsk-Kolywan die niedrige, im allgemeinen weit unter 200 m bleibende westsibirische Ebene, erfüllt von den Mergeln, Tonen und Sanden jungtertiärer oder praeglazialer Süßwasserablagerungen, glazialer Aufschüttung oder interglazialer Eismeertransgression, aus denen dann „Böden" hervorgegangen sind. Im Schwarzerdegebiet an der Sibirischen Bahn gemessen beträgt die Breite der Ebene — an der Strecke Kurgan-Ob — 1163 km (geographisch gedacht Tscheljabinsk-Ob — 1420 km). Zur Erschließung der Steppe dient ferner der große Flußbogen Irtysch-Tobol-Tura oder Semipalatinsk-Tobolsk-Tjumen, 2867 km, der eine Bucht am Rande Innerasiens mit der Bresche des mittleren Ural verbindet. Gleichfalls dorthin führt vom Altai, diesem Eckpfeiler am innerasiatischen Bau, die hauptsächlich der Taiga dienstbare Flußverbindung Ob-Irtysch-Tobol-Tura oder Barnaul-Samarowo-Tobolsk-Tjumen, 3320 km lang.

*) Das Hüttenwerk ist 800 km von der nächsten Bahnstation Petropawlowsk entfernt; die Verbindung wird im Sommer durch Ochsenzüge, im Winter durch Kamelkarawanen bewerkstelligt!

Ferner werden West-Sibiriens Klima durch die so wichtige Pforte von Jekaterinburg europäische, d. h. atlantische, befeuchtend und mildernd wirkende Einflüsse zu Teil. Ueberhaupt genießt der Westen gegenüber der Mitte schneereichere Winter bei trüberem Himmel, da die kalte Luft nach zwei Minima-Gebieten — Polarmeer um Aralo-Kaspische Senke — abzufließen vermag.

Lehrreich erscheinen folgende, von mir errechnete Werte:

	Jahresmittel			Niederschläge cm			
	Niederschläge cm	Niederschlagstage	Schneetage	Juli	August	Mai-September	Oktober-April
Tjumen	41,09	122,1	62,7	4,87	6,71	24,54	16,55
Tomsk	50,78	188,4	113,7	8,22	6,66	30,02	20,76

Für die Steppe gibt Gordjagin*) eine Tabelle:

	Mittl. Temperatur		Niederschläge cm		
	d. Jahres	d. Vegetationsperiode	Jahresmittel	Vegetationsperiode Mai-September	Winter Oktober-April
Vorsteppe	0,7	14,2	41,7	26,2	15,5
Schwarzerde-Steppe	0,5	14,7	32,1	22,2	10,1

Der Taiga-Winter gewährt dem Boden also immerhin guten Schnee- und Kälteschutz, der Winter in der Steppe einen bedeutenden Vorrat an Feuchtigkeit. Reichliche Schneemengen und weniger harte, andauernde Fröste dürften menschliche Wirtschaft vorteilhaft auch insofern beeinflussen, als sie die Ausnutzung zahlreicher Wasserkräfte am Altai ermöglichen werden.

Die wichtigsten Ortschaften West-Sibiriens liegen natürlich an der Bahn oder an den Flußbögen wie die Butterstädte Kurgan, Petropawlowsk, Barnaul und Biisk, ihre Bedeutung wächst aber ungemein dort, wo die Verkehrslinien zusammenlaufen. So sind Omsk und Nowo-Nikolajewsk wichtigste Stapelplätze einerseits der Moskauer Industrie, andererseits ausländischen und sibirischen Getreide-, Fleisch-

---

* Arbeiten der Naturforscher-Gesellschaft an der Universität Kasan, XXIV, Heft 2, 1900 (russ.).

und Butterhandels. Wir verzeichnen folgende Warenumsätze (Pud) nach Popoff:

	1900	1910
Krassnojarsk	1 400 000	7 500 000
Tomsk	2 500 000	7 500 000
Omsk	5 000 000	15 000 000
Nowo-Nikolajewsk	4 400 000	19 500 000

Letzterer Punkt gewinnt natürlich noch ungeheuer, nachdem 1917 die Bahn Nowo-Nikolajewsk-Barnaul-Biisk eröffnet wurde.

In der Taiga spielt Tobolsk wirtschaftlich eine nur geringe Rolle als Sammelpunkt des Fischhandels, in der Tundra dagegen ist das Dorf Obdorsk trotz fehlender Banken und Telegraphenverbindung von gewisser Bedeutung. Dort bezifferten sich die Umsätze (Rubel) nach meinen Erhebungen 1911 folgendermaßen:

Von Tobolsk herangeführte Waren	800 000
Rauchwaren aus der Tundra	150 171
Renntierfelle „ „ „	62 486
Fische vom unteren Ob	203 287
Fischkonserven	120 000

— — — — — — — — — — — — —

Wir können nun, rückschauend, ein Schema aufstellen der Beziehungen zwischen Bau, Oberflächengestaltung, Landschaft, Vorräten und Erzeugnissen:

A. Taiga-Hochländer	± Abgetragene Rümpfe	Gold, Holz, Jagdtiere, Edelerz.
B. Steppen-Senken	± Aeltere Sedimente Jüng. Aufschüttungen	Getreide, Vieh, Kohle.

Während Gold und „schwarze Diamanten“ einander fliehen, sind Erze (Eisen!) an den Rumpfrändern vielfach Bindeglieder. Das beste Beispiel bietet West-Sibirien selbst, mit seiner Steppenfläche zwischen Ural- und Altai-Goldland, mit der ungemein breiten Waldfläche zwischen Ural, Altai- und Jenissei-Goldland, mit eisenerzführenden Gebirgsrändern und kohlenreichen Steppenbuchten. Hier ist die Grundlage für möglichste Harmonie eines riesenhaften Wirtschaftsgebietes gegeben. Das Zukunftsbild zeigt uns eine zentrale Korn- und Fleischkammer und Nahrungsmittel-Industriefläche der Steppe und südlichen Taiga, umgeben im Osten, Süden und Westen von den drei Industrieflächen, der altaiischen, kirgisischen und uralischen, im Norden abgeschlossen durch die Holzindustriefläche der Taiga. Und neben den Eisenbahnen wird das Obsystem zum Netz wichtigster Arterien als Vermittler zwischen Nord und Süd, West und Ost, wie z. B. zwischen den Erzbergen des Ural und den Kohlenfeldern des Altai, die einander geradezu ergänzen.

— — — — — — — — — — — — — —

Wir stellen ferner drei große Flächen fest: Osten, Mitte und Westen. Durch Bau, Oberflächengestaltung, Klima und andere, nebensächlichere Züge streng individualisiert und gegeneinander abgrenzbar, sind sie zugleich physisch-geographische und Wirtschaftsgebiete. Außerdem decken sie sich ungefähr mit drei verschiedenen Gruppen von Verwaltungseinheiten, also mit politischen Gebieten. Das Charakteristische besteht nun darin: Senkungsfelder werden von mehr oder weniger abgetragenen, schmalen Rumpfflächen im Halbbogen umgeben. Bei West-Sibirien ist das Senkungsfeld mit Sedimenten erfüllt, nach Norden geöffnet, in hohem Grade wirtlich. In Mittel-Sibirien herrschen ähnliche Verhältnisse, doch das ausgefüllte Senkungsfeld ist unwirtlich. Bei Ost-Sibirien erscheint das Senkungsfeld noch nicht mit Sedimenten erfüllt, noch nicht dem Rumpfe angenähert; hier ist es nach Osten geöffnet und kann als Meer eine ungemein fruchtbare Wirtschaftsfläche sein.

— — — — — — — — — — — — — —

Es erübrigt nun noch, die wirtschaftlichen Beziehungen der drei Gebiete miteinander und mit den Nachbarländern zu untersuchen. Wir tun das, indem wir deren Lage und Wege zueinander betrachten, zugleich mit den Entfernungen, denn Nähe und Ferne sind dabei von hervorragendem Einfluß.

Das wichtigste Moment im Wirtschaftsleben West-Sibiriens

ist die geographische Tatsache der Nachbarschaft des europäischen Rußland. Von hier kamen ihm die Menschen, dies ist der Markt nicht nur für Westen sondern auch für Mitte und teilweise für Osten, mit seinen Industrieflächen und Großstädten der Markt für Sibiriens Rohstoffe, die gegen russische Industrieerzeugnisse eingetauscht oder als solche zurückgesandt werden. Wichtigste Einfuhrgegenstände sind Eisen und Stahl, roh und in Waren, landwirtschaftliche Maschinen, Erdöl und Erdölerzeugnisse.

Wir nennen folgende bemerkenswerte Entfernungsziffern: 1. Nach Moskau, dem industriellen Mittelpunkt des Reichs: von Nowo-Nikolajewsk 3602 km, von Omsk 2878 km, von Kurgan 2439 km. 2. Von Kurgan, dem politischen Grenzpunkt West-Sibiriens nach den Häfen — Rostow a. D. 2519 km, Archangel*) 2535 km, St. Petersburg 2863 km, Tuapse 3064 km, Noworosiisk 3079 km, Mariupol 3142 km, Nikolajew 3576 km, Libau 3769 km. Es ist geographisch ohne weiteres verständlich, daß die Rohstoffe bei derartigen Entfernungen größtenteils im europäischen Rußland verbleiben; je billiger sie am ersten Sammelpunkt ihres Erzeugungslandes gehandelt werden, desto weiter lassen sie sich verfrachten; in Mißerntejahren mag sibirisches Getreide jedoch schon in den Grenzen Uraliens aufgebraucht werden.

Ein großer innerasiatischer Markt West-Sibiriens wird Turkestan, sobald die Bahn Nowo-Nikolajewsk-Werny (1985 km) und Werny-Argys (862 km), zusammen 2847 km, fertig ist. Turkestan kann Baumwolle und getrocknete Früchte liefern; als volkreiches Land braucht es Holz und besonders Getreide, damit es mehr Raum für Anbau tropischer und subtropischen Nutzpflanzen aufwenden kann.

Für Mittel-Sibirien ist der Westen in jedem Fall Durchgangsland sowohl für Einfuhr- als auch für Ausfuhrwaren nach dem europäischen Rußland. Weiteres über die Stellung der Mitte zum Westen erledigt sich mit dem Bemerken, daß

---

*) Allerdings erst nach Erbauung der Bahn Kotlas-Archangel.

West-Sibirien einen positiven Volksdichtewert hat (mehr als 1 Mensch je qkm), während Mitte und Osten, beide, jedem Bewohner 2,7 qkm zur Verfügung stellen.

Die potentielle Wirtschaftsenergie West-Sibiriens war schon vor dem Bahnbau so groß, daß man immer wieder auf einen möglichst kurzen Weg zum Ozean, d. h. Weltmarkt sann. . Doch die Schwierigkeiten sind sehr beachtenswert. Für die Ob-Irtysch-Schiffahrt gelten folgende Mittelwerte der Schiffahrtsperiode:

	Eisfreie Zeitspanne	Eisfreie Tage	Eistage.
Barnaul	26. April—9. Nov.	197	168
Tobolsk	2. Mai—7. Nov.	189	176
Obdorsk	4. Juni—28. Okt.	146	219

Es erscheint fraglich, ob genügende Getreidemengen sogleich nach der in der zweiten Augusthälfte fälligen Ernte, die bis tief in den Herbst andauert — eigentlich vor Toresschluß schon — abwärts befördert werden können.

Das Karische Meer (der „Eiskeller“) ist 1 Monat im ungünstigsten, 2 Monate im günstigsten Falle befahrbar, die Eingangspforte, der Jugor Schar, gegen Mitte August geöffnet. Von 1874—1905 haben nach meinen Berechnungen*) 118 Schiffe die Fahrt übers Meer versucht; 11 hatten Havarie vor der Einfahrt, 11 kehrten der Eisverhältnisse wegen freiwillig um, dazu 6 wegen Havarie ihrer Begleitschiffe, 4 gingen im Eise zugrunde, 86 erreichten ihr Ziel. Das größte Hindernis bildet der lange, schlauchförmige Mündungssack des Ob, der nur spät eisfrei zu werden pflegt und am südlichen Ende sehr seicht ist, nicht tiefer als die Barre des Ob, d. h. 3—4 m. Darum werden zur Umgehung der schwierigen Gewässer verschiedene Bahnlinien vom Ob nach dem Barents-Meer geplant:

1. Obdorsk-Medynsky Saworot, 400 km, Schiffahrtszeit 3 Mon.**)

*) Der Seeweg nach West-Sibirien. St. Petersburger Zeitung, 18./31. Oktober 1913.

**) Die Polar-Ural-Bahn und der Nord-Sibirische Handelsweg. Denkschrift. St. Petersburg 1903 (Verf. Peter von Goette).

2. Obdorsk-Petschoramündung*), 534 km, Schiffahrtszeit 4 Mon.
3. „ Archangel**), 1300 „ „ 7 „

Die Linien 1 und 2 würden billig sein, da sie weder Brücken noch Zwischenstationen erfordern.

Mittel-Sibirien leidet vor allem an der Ungunst gewaltiger Entfernung von den hauptsächlichen Märkten. Irkutsk bildet nahezu die „Mitte der Mitte"; seine Entfernung nach Tscheljabinsk, dem geographischen Westpunkt Sibiriens — 3253 km, nach Wladiwostok auf der Ost-Chinesischen Bahn — 3232 km. Ich verzeichne ferner die Strecken von Irkutsk nach: Kurgan 2996 km, Moskau 5435 km, Archangel 5531 km, Libau 6765 km, Chabarowsk 3363 km, Wladiwostok (über die Amurbahn) 4126. Das Suchen nach Ausgängen für die Mitte zum Weltmeer erscheint verständlich. Von 1912—1913 dampften die russischen Vermessungsschiffe „Taimyr" und „Waigatsch" mit allen technischen Hilfsmitteln ausgerüstet an Kap Tscheljuskin (77° 40′ n. Br.) auf und ab und sammelten wertvolles, noch wenig veröffentlichtes Material ....***).

Der eine Weltmeerhafen Mittel-Sibiriens liegt an der Kolymamündung; er wird durch die Sibirische Mauer bedeutungslos. Dagegen kann dem anderen eine gewisse Zukunft nicht versagt werden. Vom kurzen, tiefen, durch erwärmtes Flußwasser gereinigten Mündungssack des Jenissei führt ein guter Weg ins Karische Meer. Flösse dieser Strom wie Ob und Irtysch im aufgefüllten Senkungsfeld, und nicht solange auf Urgestein — es wäre ein idealer, die Mongolei mit dem Sibirischen Nordmeer verbindender Kanal. Jedenfalls erhält das 2 604 420 qkm große Jenisseiland durch die mögliche Westverbindung einen gewissen Vorzug vor anderen Teilen der Mitte.

Die gesamte Südgrenze liegt der Mongolei an, welche zwei Ausgänge nach Mittel- und zwei nach West-Sibirien hat. Von Rußland durch Sibirien betrug die Ausfuhr nach der

*) Vgl. die auf S. 80 angeführte Denkschrift.

**) Iswestija der Archangeler-Gesellschaft zur Erforschung des russischen Nordens I, 1909, No. 7.

***) Iswestija d. K. Russ. Geogr. Ges. LI, 3, 1915 (russ.).

Mongolei und die Einfuhr (Rubel) aus der Mongolei durch Sibirien nach Rußland über die Zollämter:

	Kosch-Agatsch	Saisan	Uss-Grenze	Kjachta	
1901—1904*	445196	415390	143858	602540	Ausfuhr
1905—1908*	478497	499128	183386	1033415	
1901—1904*	1160458	286139	152539	6496807	Einfuhr
1905—1908*	1463229	650562	211193	6492547	

Die an Menschen so arme Mongolei ist z. T. ein „Hinter-Sibirien“, indes vielmehr noch ein „Hinter-China“ (1908: Gesamtumsatz des russ.-mong. Handels 8 Mill. Rbl., dagegen allein durch Kuku-Choto. Ausfuhr nach China 35 Mill. Rbl., Einfuhr aus China 15 Mill. Rbl.). Sie liefert Viehzuchterzeugnisse und „Surok“-(Murmeltier-)Felle, braucht Moskauer Industriewaren (aus Sibirien nur Maralgeweihe). Nicht Sibirien hat davon den Vorteil, sondern die Kaufleute von Biisk, Semipalatinsk, Minussinsk und Troitzkosawsk.

Die Beziehungen der Mitte zum Osten sind wichtig inbezug auf Daurien (Stretensk!), im übrigen bleiben sie gering. Was helfen denn die schönsten Häfen am Ochotskischen Meer — der Viehreichtum des Lena-Aldanlandes vermag auf trocknen Wegen nicht über die Mauer ins Amurland zu gelangen. Nur Bahnbauten können hier aufschließend wirken!

Was die Russen öffentlich, amtlich und geographisch Ost-Sibirien nennen, ist unser Mittel-Sibirien. Unser ostsibirisches Wirtschaftsgebiet heißen sie sehr bezeichnend den „Fernen Osten“. Entfernungen beweisen das: Tscheljabinsk-Irkutsk-Stretensk = 4686 km, Moskau-Tscheljabinsk-Irkutsk-Stretensk = 6868 km; von Moskau bis Chabarowsk sind 8798 km, bis Wladiwostok auf der Amurbahn 9561 km! Es erscheint verständlich, das Kurgan die stärkste, Amur- und Küstenland, von chinesischer Menschenflut umspült, die schwächste Russeneinwanderung erfahren mußten.

*) Vierjährige Mittel aus Bogolepoff und Soboleff, Umrisse des russisch-mongolischen Handels. Tomsk 1911 (russ.).

Der ferne Osten erschien dem Russen als Torso, solange er das mandschurische Schwarzerdeland nicht als eigene Kornkammer nutzen durfte. Lediglich Gold und Fische erhält Rußland vom Osten, während China als Versorger des Landes mit mandschurischem Korn und Fleisch waltet.

Eine Nachbarschaft hat nun Ost-Sibirien, die bisher wenig beachtet wird. Sie findet sich im äußersten Nordosten, wo in sehr junger Zeit durch Eintauchen eines schmalen Landstreifens die Beringstraße entstand. Die Tschuktschenhalbinsel ist Gegenstück von Alaska, und behende Motorschoner gleiten leicht von Nome herüber an die Sibirische Küste, um ihre Waren schlank abzusetzen. Hier gibt es eine Art amerikanischer Faktoreien *). Sehr lange schon ist der Pelzhandel am Ochotskischen Meer in Yankee-Händen; bereits 1865 trifft Kennan **) mehrere ständige amerikanische Händler in Petropawlowsk auf Kamtschatka an. Der seiner Zeit in Rußland von einem Franzosen vertretene Gedanke einer amerikanischen Gesellschaft, eine Bahn vom Beringssund nach Jakutsk zu bauen mit dem Recht, 90 Jahre hindurch Landstreifen an ihren Seiten ober- und unterirdisch ausnutzen zu dürfen, ist heute vielleicht vergessen. Aber ähnliche Pläne können jederzeit wieder aufleben!

Im Tschuktschenland wuschen Angehörige der „Development Co." längst Gold am Anadyr, ehe das amtliche Rußland es wußte; in neuerer Zeit arbeitete dort „Northern Trading Co." Das Sprungbrett für den Handel der Yankee ist Seattle, welches sich auf den wirtschaftlich so entwickelten Staat Washington stützt. Gegenüber solchem Wettbewerb ist Wladiwostok machtlos, das seine Industriewaren entweder aus Moskau oder auf dem Seeweg von Europa her bezieht.

In weitaus stärkstem Maße an Ost-Sibirien interessiert bleibt indessen Japan, weil es den Wirtschaftsraum des ostsibirischen Meeresstreifens für seine Volksernährung braucht.

*) K. T. Kallinikoff, Unser äußerster Nordosten. Hydrogr. Sapiski Bd. XXXIV, Beilage. St. Petersburg 1912 (russ.).
**) Zeltleben in Sibirien. Berlin 1890.

Im Jahre 1910 betrug der russische Fang an den Küsten 6 891 002 Pud.*) Davon gingen nach Japan 5 291 524 Pud, nach dem europäischen Rußland nur 1 671 978 Pud. Die japanischen Fischer führten 1911 folgende Mengen an Fischen hinweg:

Aus dem vertragsmäßigen Fanggebiet der Japaner	4 631 834 Pud
Von russischen Fischern am Amur gekaufte Fische	1 717 303 „
Insgesamt	6 349 237 Pud

Mit welchen Mitteln Japan auf Grund seines Vertrags in russischen Gewässern (mit Ausschluß des Gebiets von Nikolajewsk) Fischerei trieb, und wie diese sich entwickelte, zeigt folgende Tabelle:

	Segler	Dampfer	Tonnengehalt	Besatzung	Fischer
1907	98	11	11 675	1569	1174
1908	159	15	23 565	1810	1410
1909	208	20	34 151	2629	4393
1910	266	35	49 307	3766	7332

Verteilung und Anzahl der Fischplätze**) an der Ochotsker- und der Kamtschatka-Küste nahmen folgendermaßen zu:

	1907	1908	1909	1910
Russische	4	12	24	22
Japanische	70	88	145	127

Japans Eisenbahnen durchziehen Korea und die Mandschurei, Japan belagert von der Küsteninsel Sachalin***) aus die Amurmündung, Japans Fischfaktoreien säumen nach dem russisch-japanischen Krieg die Ochotsk-Kamtschatkaküste unter dem Schutz japanischer Kriegsschiffe! Wie lange es auch noch dauern möge, das Schicksal des Ostens scheint be-

*) P. F. Unterberger, Das Amurland 1906—1910. Sapiski. Kais. R. Geogr. Ges. Abt. Statistik, XIII, St. Petersburg 1912 (russ.).

**) Iswestija. Kais. R. Geogr. Ges. LI, 1915, H. 7, Sitzungsberichte S. 22 (russ.), klagt P. J. Sokoloff: Rußland besitze im Osten 763 000 qkm Wald, von denen nur 5—6 % ausgebeutet werden, 80 % des Brotgetreides werde aus China eingeführt, von 141 Fischplätzen seien nur 7 von Russen, die übrigen von Japanern gepachtet!

***) Im Oktober von den Japanern völlig besetzt.

siegelt. Wo aber wird die Westgrenze sein? Der Amur wurzelt in Daurien, und dieses reißt Transbaikalien mit, denn kein zusammenhängendes Band menschlicher Siedlungen verbindet beide Hälften der Mitte! Nur der dünne Draht der sibirischen Bahn hält sie zusammen. Am Nabel des Baikal, der ein trennendes Element, eine Verkehrsscheide ist, könnte aus dem Schlitz der Riß entstehen.

— — — — — — — — — — — — — —

Sibirien ist einem Hause mit zwei Fronten zu vergleichen. Die Ostfront ist frei. Von ihr kann Besitz ergreifen, wer die Macht dazu hat. Die Westfront aber ist an Moskowien untrennbar gebunden. Denn nimmer findet West-Sibirien zum Weltmeer den Ausgang, der allein ihm ein Eigendasein sicherstellen könnte.

Sibiriens Ein- und Ausfuhrverhältnisse beweisen den rein kolonialen Charakter des Landes. Sibirien hbt fast gar keine Industrie, nur geringen eigenen Handel. Sibirien krankt in ungeheurem Maße an einem der Fehler, welche dem russischen Reich den Untergang brachten: es ist viel zu groß. Zu ausgedehnt sind die Räume. Zu weit die Entfernungen. Zu wenig Menschen hat das Land. Darum keine Arbeitskräfte. Sein Unglück war die unlösliche Verbindung mit dem europäischen Rußland, das ihm nicht hoch genug in Zivilisation und Kultur stehende Siedler gab. Darum die dünne kulturelle Oberschicht, darum kein Kapital, darum eben keine Harmonie im Wirtschaftsleben.

Sibirien bleibt noch lange Kolonie. Die Osthälfte vielleicht für die gelbe Rasse. Die Westhälfte vielleicht einmal für unternehmende Kulturpioniere, denen das alte Europa zu eng ward.

Dann könnte wohl mit der Zeit Moskowien unter sibirischem Einfluß zu wahrer wirtschaftlicher Blüte gelangen ....

Wichtige, im Text nicht erwähnte deutsche Literatur.*)

Ahlburg, Die neueren Fortschritte in der Erforschung der Goldlagerstätten Sibiriens. Ztschr. prakt. Geologie 1913.

Erman, Reise um die Welt. Berlin 1834.

Hann, Handbuch der Klimatologie III, 3. Aufl., Stuttgart 1911.

Goebel, Volkswirtschaft des westbaikalischen Sibiriens. Berlin 1910.

— — Volkswirtschaft des ostbaikalischen Sibiriens. Berlin 1910.

— — Der Wert der sibirischen Ströme für das Verkehrsleben. Weltverkehr und Weltwirtschaft I, 1911.

Jadrinzew(-Petri), Sibirien. Jena 1886.

Maydell, Frhr. von, Reisen und Forschungen im Jakutskischen Gebiet. St. Petersburg 1893.

Middendorff, von, Reise in den äußersten Norden und Osten Sibiriens. 4 Bände. St. Petersburg 1848—1875.

— — Die Baraba. St. Petersburg 1870.

Nansen, Sibirien, ein Zukunftsland. Leipzig 1914.

Nordenskiöld, Frhr. von, Die Polarwelt und ihre Nachbarländer. Leipzig 1909.

Pohle, Beiträge zur Kenntnis der westsibirischen Tiefebene. Ztschr. Ges. f. Erdkunde. Berlin 1918, 1919.

Radde, Reisen im Süden von Ostsibirien. St. Petersburg 1867—1873.

Radloff, Aus Sibirien. Leipzig 1884.

— — Etnographische Uebersicht der Türkstämme Sibiriens und der Mongolei. Leipzig 1883.

Schrenk, von, Reisen und Forschungen im Amurlande. 4 Bände. St. Petersburg 1859—1899.

Schultz, Die Verteilung des Landbesitzes in Sibirien. Peterm. Mitteilungen 66, 1920.

Suess, Das Antlitz der Erde. III. Wien 1902.

Toll, Frhr. von, Die russische Polarfahrt der Sarja. Berlin 1909.

Wiedenfeld, Sibirien in Kultur und Wirtschaft. Bonn 1916.

---

*) Die dieser Arbeit zugrunde liegende russische Literatur fand ich nahezu vollständig in der berühmten Bibliothek der Geogr. Anstalt „Justus Perthes“ zu Gotha. Dem Inhaber der Firma, Herrn Dr. J. Perthes, dafür meinen aufrichtigsten Dank!

Berichtigung!

Man lese:

Auf Seite 30	Zeile 17	v. o.	Biisk statt Biuisk.
48	16	,,	Werchojansk statt Werjochansk.
56	6	,,	und statt um.
64	Anmerkung unterste Zeile:		Im Oktober 1920

weitsuechtig

FSC
www.fsc.org
MIX
Papier | Fördert
gute Waldnutzung
FSC® C083411

Kolibri 360 GmbH
Ferdinand-Jühlke-Straße 7
99095 Erfurt, Deutschland
produktsicherheit@kolibri360.de